계간문예수필선 119

테라스의 화단과 텃밭

문종환 수필집

계간문예

| 서문序文 |

설마하니 다음 달이면 끝나겠지 하고 기다리는 저 무서운 코로나 사태는 끝나기는커녕 더욱 기세를 높여가고 있다. 해마다 3월 중순부터 주중에 두어 번 다니며 농사짓던 농장도 못 내려가고, 만나던 친구들도 만나지 못하고, 보고 싶은 자식들과 손자손녀들도 만나지 못하는 두문불출신세杜門不出身歲가 되었다. 하도 무료하고 답답하여 지난 4월 12일부터 나의 서재 책장 속에 진열되어 있는 일기장들을 들추어보며 옛 추억의 나날들이라도 찾아보기 시작했다.

일기장을 들여다보며 그런대로 무료감을 달래가던 어느 날 나로 하여금 깜짝 놀라게 한 것은 내가 써 놓고도 깜빡 잊고 있었던 365편의 수필들이었다. 지난 2006년 나의 첫 시집 〈인생의 주름에 접혀진 꽃잎들〉을 출간하고 나서 그 다음해인 2007년 1월 1일부터 그해 12월 말일까지 1년 동안 하루도 빠짐없이 써 놓은

365편의 수필들이었던 것이다. 13년 전 한 해 동안 써 놓은 나의 이 수필에는 불교철학이 많이 내포되어 있음을 알 수 있었다. 어머님께서 돌아가신 지 2년째 되던 해였던지라 그 동안 어머님을 잃은 슬픔에서 벗어나려 독실한 불교신자이셨던 어머님이 남기고 가신 불교서적들을 들여다보며 또한 불교티브이도 시청하였던 것인데 하루에 한 편의 글을 쓰는데 있어서의 어려운 소재 빈곤문제와 목적달성 문제를 불교에서 스님들이 수행하는 방편으로 삼는다는 화두話頭와 관조觀照그리고 행주좌와行住坐臥의 가르침을 몸소 실천하느라 노력을 했다고 지난날의 내 자신이 기술해 놓고 있었다.

이 수필들을 읽어보면서 그때 내 나이 70세라 그리 젊은 나이도 아니었는데 어떻게 하루도 빠짐없이 한 편씩의 수필을 쓸 수 있었나 하고 문학에 대한 열정만큼은 대단 했구나 하고 스스로 놀라기도 했다. 수필들을 차분히 다 읽고 나서야 내가 이 수필들을 까맣게 잊고 있었던 게 아니라 이 수필들이 부끄러워 책장 안에 숨어서 내가 나이 더 든 오늘날까지 기다려 준 것이라는 사실을 깨닫게 되었다. 비록 지금 내 나이에는 수필 단 한 편을 쓰라고 하면 쓸 자신도 의욕도 없지만 그 대신 나이를 더 먹은 만큼의 관조觀照의 능력能力은 늘어나 수정할 힘은 오히려 못하지 않다는 사실을 스스로 확인하였고 결국 용기를 내어 수정 작업에 돌입한 것이다.

나는 내가 써 놓고도 13년 동안이나 기다려준 나의 수필들에게 미안하고 가여운 생각이 들었고 내 어찌 소중한 나의 수필들을 나 몰라라 책장 속에서 그대로 잠들게 할 수 있겠는가 생각하고 햇볕이라도 쬐여주기로 결단을 내리고 수정작업에 돌입突入하였던 것이다.

그리하여 지난 4월 12일부터 5차에 걸친 수정과 편집을 오늘 11월 12일까지 마무리 지어 나의 제2수필집 〈테라스의 화단과 텃밭-80편〉과 제3수필집 〈관조觀照는 지혜의 길-81편〉을 내 책상 앞에 놓고 대견스레 바라볼 수 있게 되었으며 이 7개월 동안만은 그나마 다행히 저 무서운 코로나의 공포로부터 다소나마 벗어날 수 있었다.

어서 빨리 코로나가 종식되고 내 수필집이 출간되기를 바란다. 어쩌면 지금 창고에서 기다리고 있는 나의 지난해 말 발간한 제 4, 5, 6시집들도 이 수필집들과 함께 친지들에게 나누어 주게 될지도 모르겠다.

2021년 7월

서울 노원구 상계로 108(상계동)우거에서

문 종 환

테라스의 화단과 텃밭

■ 문종환文宗煥

1938년 1월 31일생
경기도 양평군 옥천면 신복리 24번지 출생
1958년 3월 휘문중고등학교 졸업
1964년 3월 연세대 상경대학 상학과 졸업
1964년 3월 삼호무역주식회사 입사
1967년 동진공업사 대표
1975년 선일무역주식회사 대표이사
1979년 대한염직무역부 부사장
1984년 유텍스 인터내셔널 대표
2010년 효봉무역주식회사 대표이사 역임

현) 한국문인협회, 국제펜한국본부 회원
노원문인협회 고문, 한맥문학작가회 이사, 계간문예작가회 이사

현주소: 서울 노원구 상계로108(상계2동)

■ 저서著書

제1시집 『인생의 주름에 접혀진 꽃잎들』(318편)

제2시집 『지족知足』(시339편)

제3시집 『어머님의 창과 시 속에 잠재운 아내와 나의 시골농장』 (시335편)

제4시집 『방황彷徨의 노래』(시273편)

제5시집 『화안한 웃음』(시268편)

제6시집 『좌절의 길목마다 심어준 시詩의 꽃씨들』(시276편)

제1수필집 『인연이 꽃피는 나무들』(수필43편)

제2수필집 『테라스의 화단과 텃밭』(수필80편)

제3수필집 『관조觀照는 지혜의 길』(수필81편)

족보 『남평문씨 헌납공파 휘응태계세보南平文氏獻納公波揮應台系世譜』

공저共著 『수락산의 노래』(노원 칠문회사화집1)

■ 수상受賞

고교2년 전국 학도호국단 주최 시부문 고등부 1등 당선 문교부장관상

노원문학상, 계간문예작가상

표지삽화 준(June) 미술학원 원장 문희준文熙駿
서울 노원구 상계로108 (상계2동) 효봉빌딩 4층

| 차례 |

2부

함박꽃 웃음 - 가족사진

3부

새벽시장

4부

내리사랑

5부

일기장 속의 낚시기記

6부

아버지 감나무

7부

향기 있는 법문

8부

설렘의 아름다움

1부

어머님이 남겨주신 테라스의 화단과 텃밭

어머님이 남겨주신 테라스의 화단과 텃밭

글을 읽고 쓰다가 눈의 피로를 풀어줄 겸 창문을 열고 내다보니 테라스의 자그마한 화단에 영산홍 꽃이 활짝 피어있고 영산홍 꽃 더미 위로는 하얀 나비 두 마리가 날개를 파닥이며 빙빙 맴돌고 있다. 구름 한 점 없는 하늘의 눈부신 햇살에 하얀 영산홍 꽃 더미가 금세 내 눈과 마음까지 맑게 씻어준다.

하얀 영산홍 꽃 더미를 바라보니 갑자기 어머님 모습이 떠오른다. 바로 2년 전 까지만 하더라도 어머님은 저 테라스의 화단을 가꾸시면서 또 저 화단의 양쪽 텃밭도 일구시면서 12년 먼저 가신 아버님 잠들어 계신 불암산 너머 고향 하늘을 바라보시면서 이 아들내외와 함께 지내셨던 것이다. 어머님이 애지중지하시던 장독들도 올망졸망 그대로 어머님의 손길을 그리워하며 제자리들을 지키고들 있는 것이다.

어머님 가신 지 두 번째 맞이하는 이 봄날 저 하얀 영산홍 꽃더미를 보니 새삼 어머님 생각이 간절하다. 작년 봄에는 어머님 잃은 깊은 슬픔에 잠겨 저 하얀 영산홍꽃 볼 겨를도 없었는데 오늘 바라보니 지난날 백발의 머리에다 흰옷 입으시고 저 화단과 텃밭 일구시던 어머님 뵈옵는 것 같아 새삼 어머님이 그리워진다.

영산홍 꽃이 대낮햇볕에 더욱 눈처럼 하얗게 눈이 부시다. 파란하늘에서 하얀 목화 같은 구름 한 점이 잠시 쉬어가려고 내려앉아 있는 것 같다. 저 영산홍 하얀 꽃구름은 어머님 살아생전 고우시던 백발이 아직도 내 맘 속에 각인되어 있기 때문에 저리도 눈부시게 보이는가 보다. 어머님께서 2년 전 살아 계시어 이 화단에 나오시어 물을 주실 때면 흰옷을 즐겨 입으시고 머리 또한 백발이셔서 저 영산홍 꽃이 어머님의 물 주시는 모습으로 착각되기도 하는 것이다. 어머님이 영산홍 꽃인 줄 알고 마루 안에서 테라스의 하얀 꽃더미를 향해 어머니! 하고 부르면 어머님은 저 반대쪽 장독대에서 장독들을 닦으시다가 〈왜 부르느냐〉하고 대답하신 적도 서 너 번이나 있었던 것이다.

어머님이 그립다. 영산홍 꽃이 활짝 필 때면 그리도 환하게 웃으시던 어머님이 그립다. 이 5층 테라스에 아들과 손자들이 흙을 올려 만들어드린 이 조그만 화단과 그 옆 장독대 그리고 그 옆 세군데 텃밭이 어머니의 삶의 중심이셨다. 그러다가 2년 전 돌아가시어 지금 화단에서 정면으로 보이는 불암산 하늘 너머 고향 근처 12년 앞서가신 아버님 곁으로 가셨다. 아버님과 합장으로 모신 산소 양쪽 날개 밖으로는 생전 좋아하시던 영산홍 꽃밭을 만들어 드렸다. 이곳 서울보다는 한 일주일 꽃 피우는 게 늦으니 아마 지금쯤 만개하기 시작할 것이다. 그곳 영산홍 꽃은 진홍색이니 꽃이 만개하면 아버님 어머니 두 분 손잡고 나오시어 꽃구경하고 계실 것이다. 작년 이맘때는 싸이판 사는 동생이 와서 누님과 동생들과 내 아내와 함께 가서 부모님께 절해 뵙고 기념사진도 찍어왔는데 지금 그 사진이 바로 내 서재책상 앞에 놓여있다.

영산홍 꽃이여! 이 도심 한 복판, 그것도 이 5층 테라스에 흙 퍼 올려 만든 이 화단에서 이토록 순백의 꽃을 피워주는 영산홍 꽃이여! 어머님은 가고 안 계시는데도 이렇게 만개하여 어머님을 그리워하게 해주는 영산홍 꽃이여! 수백 송이 합쳐 피워 햇빛보다 더 눈부신 영산홍 꽃이여!

어쩌면 그대 영산홍 꽃과 나와 내 부모님과는 전생 언제부터인가부터 그 어느 인연이 있었던 것 아니겠는가. 이 우주 삼라만상은 찰나마다 변화를 거치지 않는 것이 없는 것인즉 우리네 인간이나 너희네 식물이나 언제나 사라져 가는 것도 마찬가지인즉 인연이 사람들에게만 한정 된다는 법 또한 있을 수 없는 것 아니겠는가. 그대 영산홍 꽃을 보며 백발의 어머님을 그리워하니 너의 순백의 흰 물결이 내 마음을 가득 채워 이 마음 어찌 이리도 맑기만 한가.

고부지정姑婦之情

나는 지금 테라스로 나와 아내가 시골 농장에서 따온 빨간 대추들을 말리려고 내놓은 키를 내려다보고 있다. 어머님이 생전에 쓰시던 키다. 농촌에서는 키라면 누구나 잘 알고 있겠지만 도심에서는 보기 힘든 물건인데 곡식 따위를 까부르는 도구를 말한다. 어머님이 쓰시던 이 키는 너무나 오래되고 낡아서 햇볕을 받으려고 내놓은 대추알들에게도 너무나 힘에 버겁게 보인다. 키 전체가 망가져서 그야말로 보기에도 민망스러운 정도이다. 한쪽 날개에는 매어있던 끈도 삭아 없어졌고 바닥도 두어군데 구멍이 나있고 가장 중요한 곡식 모여드는 아래 부분은 이미 언저리도 부서져 있으며 그 부서진 부분을 감싸주었던 헌 피륙도 거의 낡아 찢겨져 있어 그야말로 보기에도 너무 안쓰러운 모습이다. 어머님의 손때에 절여진 이 키다. 6년 전 어머님이 돌아가시고 나서는 어머님

대신 이따금 아내에 의해 사용되어 아내의 손때까지 절여진 이 키다. 워낙 망가져서 보관하기도 힘들게 된 이 키를 보면서 세월의 무상함에 잠겨있을 때 옆에서 인기척이 났다. 아내가 생각에 골몰해 있는 나를 이상하게 생각하며 쳐다보고 있었다.

내가 아내에게 〈여보 이 키 좀 봐요! 이렇게 망가진 키를 버리지 않고 왜 두어 두는 거요〉 하고 물으니 아내는 나에게 〈어머니 생각이 나서 그랬지요. 버리려고 몇 번이고 하다가도 그대로 두고는 했지요〉 라고 대답해 준다.

나는 그 이상 할 말이 없었다. 25살 나이로 시집을 와서 꼭 41년간을 어머님과 함께 한집에서 살았던 아내가 아닌가. 그 긴 세월 고부간에 어찌 고운정만 들었겠는가. 미운 정 또한 없지 않았으련만 어머님 돌아가시고 나서 세월이 흘러갈수록 아내는 이따금 식탁에서 식사를 할 때나, 둘이서 농막을 오가는 차속에서나, 어머님에 관한 이야기가 늘어가는 것을 알 수 있었다. 요즈음 세상은 대개가 다 그렇지만 우리내외도 아들 넷 다 출가시켰건만 어느 아들 며느리도 우리와 함께 한집에서 살고 싶어 하는 자식은 없고, 다들 제 자식들과 핵가족을 이루어 살고 있는 세상 되었으니 한집에서 41년간을 어머님과 함께 보낸 아내는 그간에 너무나도 깊고 깊은 고운 정 미운 정 다 들어 그때 어머님의 심정이 이해가가고 또한 그리워하는 것이다.

다 망가진 키를 버리지 않고 사용하고 있는 아내를 나는 사랑하고 존경한다. 그 어진 품성에 나도 모르게 착한 내 아내라 속으로 불러준다. 또한 그토록 근검절약한 아내의 성품이 아들 넷 다 저토록 훌륭하게 키워준 걸 생각하면 고맙기 그지없는 것이다. 내가 알고 있는 주변사람들은 시어머니가 돌아가시기가 바쁘게 시어머니가 쓰시던 일체의 물건들을 무슨 부정한 물건이라도 되는 듯 내다 버린다. 그뿐 아니라 어느 모임에 가면 돌아가신 시어머니를 욕하는 경우도 보았다. 옛날부터 고부지간이란 하늘이 내린 형벌이라고도 했다. 그렇게도 서로 미워하는 경우도 적지 않은 것이다. 그런데 내 아내는 어머님 쓰시던 모든 걸 버리지 않고 소중하게 사용하고 있는 것이다

불현듯 떠오르는 생각이 있다. 내가 시간이 있는 데로 이 키를 수리를 해야겠다는 생각이다. 예쁜 천으로 둘러싸고 부서진 데는 농장 뒷산자락에서 싸리가지를 꺾어다 다듬어 잇대고 또 칡넝쿨에서 질긴 걸 골라 가져와 테두리도 얽어매주고 그러고 나면 또 10년 동안은 어머님 손때 절어있는 이 키를 조석으로 대할 수 있지 않을까 하는 생각이다.

달래

내가 살고 있는 건물 5층 테라스에는 흙을 올려 만든 자그마한 화단이 하나 있고 3면으로는 자그마한 텃밭3개가 있다. 화단 앞에서면 불암산이 멀지 않은 곳에 우뚝 솟아있고 아침이면 해가 그 바위산 너머에서 떠오르고 저녁이면 좌측 산봉우리에서 달이 떠오른다. 이 화단과 텃밭은 해가 중천으로 떠오를 때까지는 햇볕을 고르게 받으나 오후가 되면 이 건물에 가려 음지가 된다.

이 화단에는 나무로는 키 작은 소나무와 주목나무 도장나무 오가피나무가 있고 그리고 꽃으로는 영산홍과 함박꽃과 모란이 있다. 하지만 흙의 깊이가 얕아 매년 봄이면 나무들 키가 클까봐 가지치기를 해준다. 나무들은 키와 가지들이 너무 자라면 뿌리를 뻗어 내리는데 한계가 있기 때문에 죽어버리지나 않을까 걱정이 되기 때문이다.

이 화단과 텃밭에서 달래가 자란다. 5.6년 전 어머님께서 살아계실 때 재래시장에서 사 오신 달래 몇 뿌리를 심으신 것들이 매년 꽃이 피고 씨를 날려 이 5층 테라스의 화단 나무들 밑과 텃밭들을 달래 밭으로 만들어준 것이다.

오늘아침도 된장 끓이는 냄새가 입맛을 돋아준다. 아내가 아침 일찍 테라스로 나가 한 옴큼 뜯어다 된장찌개에 넣은 것이다. 매년 봄이 오면 달래를 넣은 된장찌개가 식탁에 오르거나 간장에 썰어 넣은 달래양념이 곁들여지면 이 도심 한가운데서도 봄의 향기를 맛으로 느끼고 몸으로 체험하게 되는 것이다.

달래는 파처럼 생명력이 강한지 겨울이 끝날 무렵부터 제일 먼저 고개를 내밀고 자라나 그 가녀린 모습으로 냉혹한 꽃샘추위와 꽃샘 찬바람을 이겨낸다. 가는 실 같은 달래들이 세찬 꽃샘바람에 하느작거리는 모습을 보고 있노라면 그 연약한 모습 안에는 엄청난 생명력의 강인함이 존재함을 알게 되며 그 모습이야말로 진정한 외유내강이라 인정하게 되는 것이다. 이런 달래의 강인함이 이 봄날에도 잃어버린 나의 식욕을 북돋아주는 원동력이 되는가 보다.

그러나 그 무엇보다도 달래는 나로 하여금 어머님을 그리워하게 한다. 지금은 아내가 달래된장찌개와 달래양념간장을 식탁 위에 올려주지만 2년 전 어머님께서 살아계실 때에는 어머님께서 해주셨던 것인데 이제는 아내가 어머님의 손맛 그대로 전수받아 이어 올려주고 있는 것이다. 어머님은 생전에 고향에서 사시던 젊은 새댁시절 고향집 앞 보리밭에서 이른 봄 달래 캐시던 이야기를 자주해 주셨다. 겨우내 자란 보리 싹 사이사이에서 숨어 자라는 달래를 찾아내기란 쉽지는 않았지만 금세 찾아 한보구니나 캐시곤 했다는 옛이야기를 들려주시곤 했다. 그래 달래를 보면 어머니가 그리워진다.

나 홀로 집에

아침에 아내는 친정 동생 생일 집에 가고 아들내외와 손녀딸은 바람 쐬러 어느 얼음낚시터로 떠나고 나 혼자 온종일 집에서 머물고 있다. 혼자 있으려니 혹시나 누가 올까, 혹시나 그 누구로부터 전화라도 올까 낮잠 한잠 못자고 티브이를 켜놓고 시청하다가 그것도 끄고 테라스로 나가 수락산과 불암산도 바라보다가 또 옆집의 골프연습장 높은 그물망 받침철대 위 까치집도 올려다보고 또 내 서재로 들어와 창밖 4거리 자동차 행렬과 바쁘게 오가는 행인들도 내려다본다.

불현듯 독거노인들 생각이 난다. 홀로 살면서 자식들, 친지들 그리워하는 그들 생각이 난다. 나는 오랜만에 하루 홀로 있으면서도 이리도 마음의 안정을 못 찾고 있는데 그들의 심정은 얼마나 고독하고 아플까. 나야말로 조금만 참고 기다리면 친정 동생 생일

집에 갔던 아내도 돌아오고 또 낚시 갔던 아들내외와 할아버지 부르며 달려들 손녀딸이 있는데. 이런 나를 두고 궁상떠는 늙은이라 하지 않겠는가. 할아버지 부르며 달려들어 품안에 안겨줄 손녀딸 생각하니 나의 궁상떨던 사치스러운 고독감은 눈 녹듯 사라지고 주변에 대한 따사로운 눈길이 밝혀진다.

창밖에는 어제에 이어 오늘도 오전 내내 눈비가 간간이 섞여 내리더니 오후부터는 함박눈으로 변하여 펑펑 내린다. 나는 함박눈을 내다보며 추억의 서설瑞雪속으로 들어가 한동안 머물러 있다가 또 3년 전 얼음낚시 갔다가 80년만의 폭설이라는 그 눈발 속에서 허우적거리던 생각이며 저녁때 쯤에는 함박눈 그친 수락산 눈 쌓인 봉우리와 산등성이, 그리고 어제보다 더 흰 눈을 이고 있는 불암산 바위모습에 온정신을 빼앗겨 넋을 빼앗겨가며 하루를 보낼 수 있었으니 새삼 함께해준 저 함박눈과 주변 자연들이 고맙기 그지없다.

어차피 모두가 다 제 갈 길 가고 오는 것이다. 방금 전 펑펑 내리던 함박눈도 제 갈 길 오고 간 것이며 저 눈 쌓인 수락산 바위도 한번 거쳐야 하는 제 과정을 지낸 것이며 창밖 길가 4거리신호등 모퉁이에서 푸른 등 켜질 때까지 기다리는 행인들도 제 갈 길을 가고 있는 것이며 오늘아침 집을 나선 내 가족들도 다들 제 길 가고 오는 길뿐인데, 나는 그것이 뭐 그리 대단하다고 방금 전까지 궁상떨며 사치스러운 고독감에 잠시라도 잠겨 있었던가. 오늘 나 홀로 집에 머물고 있는 것 또한 내 자신 지나가고 있는 과정에 지나지 않는 것인데 말이다.

또 한 가지 이상한 게 하나 있다. 나 홀로 집에 있으려니 나를 한시도 떠나지 않던 나의 시의 요정들도 내 아내를 따라갔거나 내 아들 내외와 손녀딸을 따라갔는지 나타나지 않는다. 다른 날에는 아내나 손녀딸이 식사를 하라 부르기 전에는 시를 쓰거나 교정을 보느라 시의 요정들에 둘러싸여 시간 가는 줄 몰랐는데 말이다.

새삼스레 깨닫게 되는구나! 내가 시인이 되어 그간 여러 권의 시집을 출간하게 된 것은 내가 혼자 이루어놓은 것이 아니라 내 아내와 가족들이 옆에 있어주어 가능했다는 것을! 늦게나마 깨닫게 해준 오늘 나 홀로 집에 있게 해준 내 가족들이 고맙기도 하다.

난초의 봄맞이

오늘로 벌써 삼월도 중순이 넘어섰고 남녘에서는 유채꽃이랑 동백꽃 그리고 매화꽃 소식이 티브이 화면을 타고 올라오기 시작하고 마루 창가에 가지런히 놓인 난초들도 꽃대를 올리고 보라색 꽃몽우리를 다닥다닥 맺더니 어제부터 꽃 몽우리들을 터트리기 시작했다. 조심스레 코를 갖다 대었더니 그윽한 난초향기가 온몸으로 스며든다.

난초향기가 온몸에 스며들자 어머님이 그리워진다. 벌써 돌아가신지 5년, 살아계실 때까지 아끼시며 기르시던 이 난초들을 내가 돌보기 시작한 것은 3년 전부터였다. 난초는 자애로우신 어머님의 미소 같은 향기를 나에게 풍겨준다. 어머님이 기르시던 난초라 어머님의 향기를 닮아서 어머님을 그립게 한다. 물 주시며 보살펴 주신 어머님의 정성을 난초는 기억하고 아들인 나에게 어머님의 향기를 맡도록 해준다.

어머님 돌아가시고 나서 두 해 동안 잎들이 하나둘 시들어 화분하나에 잎줄기 두 서너 개씩만 남아 있었다. 나또한 어머님을 잃은 슬픔에 잠겨 난초까지 돌볼 마음의 겨를이 없이 지내다가 다 죽어가는 난초들을 발견하게 된 것이다. 나는 그때부터 슬픔을 떨쳐버리고 정상적인 일상생활을 되찾고 난초에 물도 주고 비료도 주며 가꾸기 시작해 드디어 작년부터 난초꽃을 보게 되고 향기도 맡게 된 것이다. 어쩌면 죽어가던 난초가 슬픔에 잠겨있는 나를 슬픔에서 깨워주기 위하여 난초 자신을 살리게 한 지도 모르겠다.

설마하니 또 다른 기상이변으로 더 이상의 추위야 오지 않겠지 하는 마음으로 겨우내 마루 안에 들여놓아 유리창문을 통해 햇볕이나마 겨우내 쪼이게 해주던 난초들을 마루 밖 베란다로 옮긴다. 베란다 밖 테라스에는 아직도 밤에는 추위가 머물러 있지만 베란다 안에는 한겨울에도 온기가 있어 안심하고 옮겨 주는 것이다. 겨우내 답답한 마루에서 우리 식구들과 호흡을 함께하며 지내던 난초들은 밖으로 내어놓자 새삼 휘어진 잎줄기들이 생기라도 머금는 것처럼 윤기를 발산하여 옮기는 내 마음조차 설레게 해준다.

12그루의 난초들은 이제 이곳에서 봄여름 가을을 보내야 한다. 이곳에는 아침 나절에는 불암산에서 떠오르는 햇볕을 쪼이고 오후에는 그늘이 지어 난초들 살기에는 아주 좋은 자리인 것이다. 아무리 무더운 여름철에도 이곳은 그늘이지고 테라스 문을 열어놓으면 바람이 솔솔 불어와 난초들과 어울려 춤을 추는 것이다. 난초는 특히나 바람을 좋아한다. 바람과 어울려 다정한 이야기도 나눈다. 이러한 사실들은 어머님 살아계실 때 어머님이 들려주신 말씀이라 나 또한 그리 믿어 의심치 않는 것이다.

어머님이 남겨주신 난초들은 모두 잎줄기들이 가느다란 동양란이다. 꽃이 현란한 양란들은 좋아하지 않으셨고 따님이 사드려도 옆으로 치워 멀리하셔서 누님을 서운하게 하신적도 있었다. 동양란의 그 고매하고 우아함, 부드럽게 휘어져 있으면서도 꺾이지 않는 절의節義, 결코 자신을 돋보이려 하지 않는 겸손함, 이러한 모든 점을 간직하고 있어 예로부터 이 나라 묵객墨客들로부터 사랑을 받아왔고 오군자五君子중 하나로 손꼽혀 내려온 것이니 여기에서 오군자라 함은 매화, 난초, 국화, 소나무. 대나무를 뜻하는 것이다.

그러나 나는 무엇보다도 동양란의 꽃향기를 제일로 좋아한다. 동양란의 꽃대 위에 조롱조롱 피어 은은히 풍겨주는 꽃향기를 사랑한다. 어머님도 란 꽃 향기를 좋아하셨다. 어머님은 어쩌다가 란 꽃대가 쭉 올라와 꽃망울이 맺히거나 필 때면 이 늙은 아들이 옛날 어릴 적 아들로라도 보이시는지 가만히 손 흔들어 부르시며 향기 좀 맡아보라 하셨는데 어머님은 행여나 난초꽃이 잠에서라도 깰까봐 아가 다루듯이 그렇게 조심스레 정성을 다해 이 동양란들을 키우신 것이다.

오늘도 어머님이 그리우면 난초들을 바라본다. 12그루의 난초에는 어머님의 자상하신 미소가 머물러계신다.

모란꽃과 함박꽃

모란꽃과 함박꽃이 서로 다른 꽃이라는 걸 알게 된 것은 5년 전 어느 봄날 종로5가 묘목시장을 둘러보다가 사들고 와 테라스 화단에 심을 때부터였다. 그 묘목상점 진열대를 둘러볼 때서야 모란꽃묘목 이름과 함박꽃묘목 이름이 다르다는걸 알게 되었고 호기심이 일어 이들 두 가지 묘목을 함께 사다 심게 되었던 것이다. 김영랑 시인의 시 〈모란이 피기까지〉는 중학교 시절부터 좋아하여 이따금 읽어보면서도 진자주색 모란꽃송이를 함박꽃으로, 붉은 함박꽃송이를 모란꽃송이로 두 꽃이 한 가지 꽃으로만 알고 꽃잎 떨어지는걸 보면 서글프게 생각하고는 했던 지난날이 쑥스럽고도 부끄럽게 생각되기도 했다.

그때 사다 심은 모란꽃나무와 함박꽃나무가 지금도 아직은 차가운 창밖 테라스화단에서 이제는 무성한 성년들이 되어 내 눈과 마주하고 있는 것이다. 얼마 안 있어 봄이 오면 저 모란꽃이 먼저 피어 진자주색 꽃송이들마다 우리 두 내외의 따스한 손길과 입맞춤을 받을 것이고 한 열흘 지나 모란꽃잎 지기 시작하여 우리내외 마음 섭섭해질 때면 또 저 붉은 함박꽃들이 미리 우리내외 마음 알고 또 꽃 몽우리를 활짝 피어 달래줄 것이다.

왜 나는 그전에는 모란꽃과 함박꽃을 한 종류 꽃으로만 알고 있었을까. 탐스럽고 아름다움이 거의 같아서일까. 그렇지 않으면 나의 과거 지내온 삶이 그런 것조차 구별할 수 있을 여유가 없었던 때문이었을까. 대학을 졸업하고 곧장 회사에 입사하여 근무에 열중하랴, 회사 그만두고 회사차려 개인사업에 열중하랴, 그렇다고 살아온 집에 무슨 정원이라도 있어 꽃나무들이라도 길러보았나, 환갑나이 되어서야 사업에서 벗어나 이제야 농장에 다니며 제2의 인생을 문학의 길로 접어들고 나서야 주변을 살펴 볼 여유라도 생겨 이나마 늦더라도 모란꽃과 함박꽃 이름을 찾게 된 게 아닌가하는 생각도 든다. 삶이란 고달픈 것이고 어느 정도 사물에 눈이 뜨일 때는 이미 몸은 늙어버린 후가 되는가 싶기도 하다. 지금도 잠시 눈을 감고 지나간 사업의 과정을 돌이켜보면 하나의 숲처럼 멀리서 전체를 바라보며 후회가 되건만 그 당시 숲속에 갇혀서는 아무런 지혜의 눈도 뜨질 못했던 것이라는 생각도 든다.

환갑나이 들어서부터 글쓰기를 시작한 후로 나는 내 주변을 사랑하게 되었다. 그리고 그 어려운 시련의 세월을 견디고 이제는 하잘 것 없는, 야망도 욕망도 다 버린 초췌한 모습으로 돌아온 나의 모습을 사랑하게 되었다.

또한 내 형제들과 자식들과 친척 이웃들에게도 관심을 두며 나누지 못했던 정을 나누고 싶은 마음도 갖게 되었다. 나를 혹사한 지나간 고난들은 결국 내 주변 모두를 무관심 속에 파묻어 버리게 한 나 스스로의 잘못이라는 사실도 깨닫게 된 것이다.

이제는 모란꽃과 함박꽃이 꽃송이와 잎사귀도 전연 다른 개성의 아름다움을 가지고 있음도 알게 되었고 비록 며칠간 피우고 나서 져버릴 꽃의 운명이지만 전연 내색을 않고 꽃피워주기를 기다려주는 우리 모든 이들에게 행복과 기쁨을 주기 위한 하늘의 섭리를 이행하고 있는 소중한 자연 속 두 꽃 선물이라는 것도 알게 된 것이다.

화분에 웬 다래묘목이

참으로 희한한 일도 다 있다. 분명 지난봄 아내가 대신 이모님댁에 내려갔다가 돌아올 땐 머루묘목 한 그루와 자그마한 화분속의 함박꽃묘목 한 그루만 가져와서 이 5층 테라스 화단 옆 텃밭에 심어주었는데 그 함박꽃묘목을 담아온 화분에서 웬 다래묘목 한그루가 자라 오르고 있었다. 알다가도 모를 일이다. 어쩌면 대신이모 집 울안에는 여름이면 머루도 그렇지만 다래도 다래넝쿨에 주래주래 열린다. 그렇다면 작년여름 다래 한 개가 이 화분 속에 떨어져 겨우내 숨어 있다가 이 떨어진 씨들 중 살아남은 다래씨가 우리 집에서 깨어 난 게 틀림없다 여겨진다.

어찌되었던 간에 나는 매우 기뻤다. 나는 머루와 다래를 무척이나 좋아한다. 어렸을 때부터 아버님과 집안 어른들 따라 고향조상님 산소 벌초를 다닐 때는 주변 계곡에는 다래 머루가 지천이었다. 그리고 장난감이 없었던 그때는 여름방학 때 큰댁에 놀러 가면 사촌형님 따라 뒷산에 올라 다래넝쿨가지를 잘라 다래딱총도 만들며 놀았다. 그런데 이제 고맙게도 고향 생각나게 해주는 머루 다래넝쿨이 둘 다 생겼으니 어찌 가만히 있을 수 있겠는가.

나는 생각 끝에 이 5층 테라스에 조그만 마루를 만들고 4방 기둥을 세우고 그 4방 기둥 위를 목재로 연결 고정시키고 지붕덮개는 없이 단단한 목재들로 나란히 틈새를 내어 그 사이사이로 머루 다래넝쿨 기어올라 덮어 한여름 머루다래 그늘 이루게 하여 조그마한 나의 쉼터 겸 머루다래 집을 하나 만들기로 작심을 하고 즉시 착수를 하여 오늘 저녁이면 끝낼 수 있을 것이다. 이제 좌측 화단 끝에 심어준 다래넝쿨은 줄 따라 우측으로 오를 것이고 우측 텃밭에 심은 머루넝쿨은 줄 따라 좌측지붕으로 오를 것이다. 아마도 내년이면 이 다래머루넝쿨은 이 조그만 그늘 집을 무성한 청록색 넝쿨 집으로 이룰 것이다.

이른 봄 아내의 손에 들려온 함박꽃 묘목은 두 달 만에 화단에서 서너 뼘이나 자라났고 머루넝쿨 묘목은 벌써 내 발목까지 자랐으며 또 뜻밖의 기쁨을 준 다래넝쿨 싹도 두어 뼘이나 얼굴 내밀었으니 내년 여름이면 아마도 이 조그만 내 쉼터는 머루다래 넝쿨이 뒤덮어 주리라 믿어 의심치 않는다.

뜻밖의 다래넝쿨 싹을 발견하고 하도 기쁜 마음에 아침부터 시작한 작업을 저녁나절 되어서야 끝내고 나서 새로 사다 깔아놓은 마루 위에 누워 새싹 돋아 무럭무럭 잘도 자라나는 다래 싹을 바라보니 불현 듯 6.25전쟁 때 아버님 생각이 난다.

6.25전쟁 당시 아버님은 경찰관으로 재직하고 계셨다. 하필이

면 비번 날에 전쟁소식을 듣고 그래도 설마 하는 마음으로 몰래 근무처인 동대문 경찰서 근처로가 멀찌감치 경찰서 정문을 바라 보니 동료경관들이 총탄에 쓰러져 있는 걸 보시고 집으로 오시어 그길로 피난 보따리를 짊어지고 우리 가족들을 앞세우시고 부랴부랴 무작정 고향 쪽으로 내려갔던 것이다. 어머님은 어린 누이동생과 젖먹이동생을 데리고 어머님 사촌동생 집에, 누나는 큰댁에 그리고 나는 아버지와 함께 고향의 당숙할아버지 집으로 그렇게 가족이 흩어져 살게 되었던 것이다. 그 때 아버지는 고향마을 새매기고개 너머 중미산 중턱 계곡 다래넝쿨 밑 바위굴에서 9.28 서울수복 때까지 숨어계셨는데 그때 13살 초등학교 6학 년이었던 나는 아무도 몰래 나무꾼인양 지게를 지고 유일한 친구였던 검둥이 강아지를 앞세우고 아버님 음식을 날라드렸던 것이다. 벌써 오래전 아주 먼 옛날이야기지만 오늘 갑자기 다래넝쿨 집을 짓고 나니 그때 아버님 숨어 계시던 그 다래넝쿨 속 바위굴이 눈앞에 아른거리고 그 고생하시던 아버님 모습이 그리워진다.

난초 분갈이

오늘은 마침 봄비가 내린다. 며칠 전부터 하려고 하던 난초 분갈이를 시작하려한다. 나에게는 어머니가 기르시던 난초 12그루가 베란다 한옆 스테인 화분걸이에 3층으로 줄지어 걸려 있고 그 옆 탁자 위에는 큰 화분의 큰 난초 한 그루가 자리 잡고 있다. 어머니가 돌아가시고 나서 2년간을 어머니 잃은 슬픔에 잠겨 이 난초들을 돌보는 것도 잊어버리고 지내다가 이 난초들이 화분마다 서너 줄기씩만 남기고 다들 말라버린 것을 발견하고서야 어머니가 살아생전 그리도 이 난초들을 사랑하시던 생각이 문득 떠올라 죄송스런 생각과 그리움이 솟아올라 물을 주고 정성스레 보살피기 시작했던 것이다.

우선 조그만 화분의 동양란들부터 하나하나 꺼내어 화분갈이를 시작해 준다. 어머님이 지난날 하신대로 꽃 가게에서 사온 적은 흙과 자갈들로 분갈이를 시켜주는데 화분의 난들이 잎들을 살래살래 흔들며 새집 만들어주는 걸 좋아들 한다. 겨우내 뒤집어썼던 먼지들도 분수기로 말끔히 씻어주고 닦아주니 12그루의 난초들이 윤기를 더하며 내 마음까지 푸르게 해준다. 이 12그루의 난초들의 분갈이는 화분들과 난초들도 아담하게 작아서 두어 시간만에 어렵지 않게 끝맺음을 할 수 있었다.

하지만 문제는 남은 큰 화분의 난초1그루다. 이 큰 난초의 화분은 흙으로 가득 채워져 있어 혼자서는 들지도 못하고 흙을 퍼내면서 작업을 해야 한다. 잎들도 다른 난초와는 달리 매우 크고 넓은 것이 어찌나 생명력이 강한지 화분가득 밑동을 채우고 소담스럽고 싱그러운 잎들을 마음껏 화분 사방으로 펼치고 얽히고 늘어져 화분갈이 할 엄두를 못 내고 잠시망설이다가 그래도 어머님의 따님인 나의 누나가 준 선물이라 비록 향기가 없다 아쉬워 하시면서도 애지중지 기르시던 어머님 생각이나 분갈이를 시작한다.

이 큰 난초는 어찌나 번식력 또한 강한지 2년 전에도 분갈이해줄 때 귀퉁이뿌리를 화분에 심어 막내아들네 집으로 보냈더니 그해부터 꽃대가 솟아오르고 화려한 꽃을 피우더란 것이며 금년에도 또 꽃대가 솟아오르니 머지않아 꽃이 필거라는 것이다.

나의 어머니는 살아생전 난을 사랑하고 아껴주셨다. 어머님은 시집간 누나 댁을 자주 다니셨는데 누나는 집에서 난초를 많이 길러 결국 어머니도 누나로부터 한두 그루 받아 집에서 기르기 시작하시더니 어머니도 딸 따라 난초를 사랑하게 되신 것이다.

나는 원래 난초에 대한 지식이 없어 아직도 이것이 무슨 난초인지 그 이름도 모른다. 다만 언제인가 난에 대하여 비교적 아는 바가 많은 내 동생이 마침 어머님 생신날 난초 한 그루를 사 왔기에 물어보니 이 조그만 12그루의 난들은 모두 토종 란이고 이 큰 화분의 란도 한국난의 일종이며 그러나 향기가 없다는 것이었다.

작은 화분의 토종 란들 분갈이는 어렵지 않은데 거의 한 아름드리나 되는 이 화분은 흙으로 채워져 있어 무겁기도 하거니와 난초뿌리를 화분으로부터 빼어내는 작업은 나 혼자로서는 힘이 들어 얼굴은 땀범벅이 되었다. 그래도 마침 오늘 새벽에 아래마당에 내려가 며칠 전 농장에서 옮겨와 보관하고 있던 흙을 올려놓았기에 뽑아놓은 난초뿌리를 적당히 쪼개어보니 5개의 화분이 더 필요하다는 걸 알게 되었고 결국 두어 시간 동안 나는 1개의 화분에서 5개의 새끼화분을 만들게 되었다.

이 난초는 이제 2년 전 막내네로 한 가족 보냈고 오늘 또 5가족으로 분가시켰으니 6가족으로 분가가 된 셈이 된다. 비록 향기가 없다지만 향기가 없으면 어떤가. 나는 이 난초가 무성한 생명력을 갖고 있음을 사랑한다. 일 년 열두 달 무성한 잎으로 내 눈과 마음을 씻어주는 푸름은 항상 여름의 정기를 물결치게 해주기 때문이다. 다른 토종난초들은 가냘프게 잎들을 늘어트려 소녀 같은 애잔한 물결을 보여주지만 이 큰 난초는 꼭 들판에 마구피어 바람에도 끄떡없는 나리꽃줄기나 혹은 갈대같이 군센 힘을 보여주는 것이다. 화분도 보기 좋은 사기로 된 걸로 골라 사다 심었기에 그 위풍은 대단하다.

이제 오늘의 난초 화분갈이는 이로서 끝이 났다. 이제 남은 일은 어머님이 살아생전 그토록 애지중지 기르시던 이 난초들 중 12그루의 토종난들은 스테인 화분걸이 저들 자리에 걸어주고 오늘 새로 분가시킨 큰 난초들 5그루는 정성껏 물걸레로 몸체와 잎사귀들 닦아주고 나서 우리가족사진이 걸려있는 마루 한편에 나란히 놓아 두었다가 다른 아들들이나 친지들이 원한다면 나누어 줘야 하겠다.

한 송이 모란꽃과의 대화

작년까지만 해도 그다지 넓지도 않은 화분에서 대 여섯 송이 꽃이 탐스럽게 피더니 금년 이 봄에는 옮겨 심어서 그런지 딱 한 송이만 피었다. 테라스 화단을 좀 더 넓히고 농장에서 싣고 온 흙으로 넓힌 부분을 메우고 그 자리에 옮겨 심어주면서 이제는 좁은 화분을 떠나 넓고 좋은 새로운 흙에서 여태껏 한해 6송이 열리던 걸 그 서너 배는 열려 주리라 기대를 걸었는데 이 아침 화단을 내다보고는 딱 한 송이만 피운걸 보고 놀라고 실망을 금치 못한다.

그러나 실망하던 내 마음은 그저 잠시일 뿐 반가운 마음으로 얼른 테라스로 뛰어나가 피어난 한 송이 모란꽃과 맺다만 꽃망울 서너 개를 어루만져주고 입맞춤도 해주며 이야기를 나눈다. 이 세상 일이 어디 마음대로 되는 게 있느냐고, 많은 꽃을 피워 달라 최선을 다하고 소원한 건 내 마음뿐이었고 모든 사연은 오히려 모란꽃 네 자신에게 있는 게 아니었느냐. 옮겨 심어준 흙이 내 생각에는 너에게 아주 좋을 줄 알았는데 너 모란에게는 오히려 10년 세월 함께한 화분의 흙이 정이 들어 더 좋은 줄 내 어찌 알았겠느냐. 하지만 이제 이처럼 소담스럽고 화려한 모습을 네 앞에서 대하고 보니 얼마나 장한지 모르겠다. 장하고 장하다. 그 역경을 이겨내고 1년 만에 이처럼 꽃 한 송이라도 보여주고 있으니. 나는 분명히 장담한다. 내년부터는 이 자리에도 정을 붙여 많은 꽃송이들을 나에게 보여주리라는 걸.

서재에 앉아 책을 읽거나 글을 쓰다 눈에 피로를 느낄 때면 창밖테라스를 내다보고는 한다. 화단은 바로 창밖테라스에 있어 진붉은 그 모란꽃 한 송이가 내 눈과 마주쳐준다. 이제 하루가 다르게 모란은 그 화단의 다른 나무들과 친숙해 가는 게 틀림없다. 모란꽃 뒤에는 영산홍 꽃나무가 벌써 며칠 전부터 백설 같은 흰 꽃으로 새로 핀 모란꽃 한 송이를 감싸주고 있고 앞으로는 몇 년 전 대신이모 댁에서 갖다 심은 오색함박꽃이 며칠 후 제차례 지켜 꽃피우려 이제 꽃 몽우리들 맺히며 모란꽃 한 송이에게 보여주려 안달을 한다. 그나 그뿐인가 새로 온 모란꽃을 화단의 앉은뱅이소나무, 포도넝쿨, 사철나무 모두가 다정한 눈길을 보내주는 걸보니 분명 저 모란도 내년이면 저들과도 깊은 정들어 많은 꽃을 피우리라 생각 된다.

사랑하는 모란꽃 한 송이, 너는 벌써 나와 함께 생활한지도 15년이라는 긴 세월, 어찌 식물인 너일지라도 그 정듦이 사람과 다름이 있으랴. 오히려 친구라는 사람들 중에는 내가 싫어지면 흔적도 없이 사라져 소식도 없건만 너 사랑하는 모란꽃 한 송이는 그 오랜 세월 나를 떠나지 않고 함께하는구나. 처음에는 고향 근처 남한강변 강변 집 마당 한편 돌 식탁 옆 잔디밭에서 살다가 그 다음에는 국도확장사업으로 강변 집 헐리자 이곳 상계동 집으로 옮겨와 좁은 화분 속에서도 살다가 또 한 번 옮겨지는 시련을 겪으면서도 이렇게 끈질긴 인연 지키며 함께 하고 있구나. 그러니 나는 너와 이렇게 이심전심으로 서로의 마음을 읽고 있구나.

모란꽃 한 송이야! 너도 이제 길어야 한 7일 지나면 지고 말겠구나. 김영랑 시인은 〈모란이 지면 또 한해를 섭섭해 운다.〉라고 했지만 나는 결코 슬퍼하지 않으리라. 네 몸은 내 서재 창밖 테라스에 있고 일 년에 한 열흘 나를 만나러 오는 네 꽃송이와 이리도 뜨거운 애정을 주고받아 행복한데 더 이상 무엇이 부족해 운다는 말인가.

돌나물의 위세威勢

모처럼 남향받이 조그마한 텃밭에 나와 보고 깜짝 놀랐다. 한 옆에 듬성듬성 보이던 돌나물들이 촘촘하게 대열을 갖추어 물밀 듯이 그 푸른 물결로 그 옆 부추들의 영역을 넘어 또 그 옆 파들의 옆구리로 침범하여 거의 텃밭의 삼분지 일이나 점령하고 나서 그래도 시원치 않은지 선진대열은 고개를 뱀 머리처럼 반짝 들고 상추들의 영역으로 진군 하고 있는 것이었다.

이 돌나물들은 아내가 작년 봄에 시골농막근처 함씨네 밭 한가운데 돌 더미에서 캐다가 다듬어 물김치를 담그고 난후 뿌리와 잔챙이들을 버린 것이 금년 봄에 삐죽삐죽 고개를 내밀더니 초여름으로 들어가는 오늘아침 이토록 그들의 왕성한 기세로 나로 하여금 놀라게 하는 것이었다.

그런데 그 이름이 돌나물이라 원래 돌이나 돌가루에서 자라 그 이름도 돌나물이라 불려왔을 텐데 어떻게 이 도심 5층 변변찮은 흙에서 이렇게 잘들 자랄 수가 있단 말인가. 하기야 이 텃밭 흙도 시골농장 고구마 밭 귀퉁이에서 퍼담아 옮겨 놓은 것이니, 그 고구마 밭 역시 산으로 둘러싸여 산 계곡에서 흘러내리는 돌가루인 모래흙이라 이렇게도 잘들 자라는지도 모르겠다.

아내는 돌나물을 좋아한다. 그래서 집안 식구들도 따라서 돌나물김치를 좋아하며 국수를 말아먹거나 생으로 고추장에 버무려 식탁에 올려주면 젓가락이며 숟가락은 모두 이 돌나물로 집중하는 것이다. 원래 아내는 서울 토박이라 처음 시집와서는 돌나물이 무엇인지 몰랐는데 어머니께서 봄이면 늘 해주시는 걸 보고 그 봄의 향기에 반해 어머님이 돌아가신 후에도 계속 봄이 오면 이 돌나물을 식탁에 올려주고 있는 것이다.

특히나 몇 년 전 어느 티브이에서 저명한 전문박사가 이 돌나물의 뛰어난 효능에 대하여 강의를 한 적이 있었는데 그 강의를 듣고 나서는 아내는 이 돌나물을 더욱 신임하게 된 것이다.

가만히 생각해보면 예로부터 조상님들이 즐겨 자시던 나물들은 대개가 그 번식력이 이 돌나물처럼 강한 것을 알 수 있다. 농장 주변에서 흔하게 볼 수 있는 쑥이며 머위며 민들레 그리고 돌미나리 엉겅퀴등도 그 번식력이 대단함을 알 수 있다. 하기야 이 도심 보도 불록틈새에서도 민들레가 자라 노란, 하얀 꽃 동그라미를 그려 씨를 남기지 않는가.

이 아침 모처럼 남향받이 텃밭에 나와 돌나물들의 위세에 놀라 생각에 잠겨있는 나를 아내가 〈아침부터 뭘 그리 생각해요〉 하는 말로 깨워주며 들고 나온 바구니와 가위를 내어주며 돌나물들 뿌리는 그냥 두고 돌나물 밑동 위만 다 잘라달라는 것이었다. 나는 바구니에다가 돌나물 윗부분을 잘라 담기 시작했다. 그 일도 한 시간이나 걸렸다. 그리고 물밀 듯이 상추밭까지 점령하며 진군하던 돌나물 선발대는 모두 뿌리 채 뽑아버렸다. 너무 욕심 많은 돌나물들에게 경고를 한 것이었다.

오이와 참외모종

아침에 테라스로 나왔다. 어제는 하루 종일 구름이 하늘을 덮고 찔끔찔끔 비를 내리더니 이 아침에는 햇빛이 눈부시다. 그 눈부신 햇빛이 나를 유인하여 테라스로 나오게 한 것이다.

동쪽담장 밑에 큰 화분이 눈에 들어온다. 2개의 화분에는 오이모종3개씩이 이제는 제법 잎들이 퍼렇게 되어 서너 마디 자라 올라 바로 앞 간이정자 오른편지붕 끝에 메어놓은 줄을 타려고 안간힘을 쓰고 있다. 작년에는 화분1개에 3개의 오이모종을 심어 20여개의 싱싱한 오이들을 따먹은 재미에 빠진 아내가 이번에는 또 하나의 화분을 준비하여 6개의 오이모종을 심은 것이다. 심고 난 아내는 금년에는 작년보다 배가 넘는 오이 50개는 딸 수 있겠다는 꿈에 젖어 매일 아침저녁으로 이 테라스로 나와 물을 주면서 지켜보고 있는 중이다.

그런 아내에게 꿈이 크면 실망도 크다는 이야기를 하려다가 입을 다물었다. 왜냐하면 작년 봄에 아내가 화분에 오이를 심을 때 오이는 밭에다 심어야지 이 좁은 화분에서 어떻게 오이가 자랄 수 있겠느냐 핀잔을 주었다가 나중 결과에 아내는 기고만장했고 나 또한 거참 신기하기도 하구나 하고 고개를 갸우뚱 했던 기억이 났기 때문이다.

그런데 이 아침 바늘 따라 실 따라 온다더니 아내도 테라스로 나오더니 느닷없이 간이정자 왼편에 또 다른 화분 2개를 준비해 달라면서 어제저녁 동네 모종가게에 가서 사왔다는 참외모종4개를 보여주는 것이었다.

나는 또 기가 막혔다. 하지만 아내에게 차분하게 〈참외는 수박처럼 밭에서 키우는 것이고 땅에 뿌리를 내리며 덤불을 무성하게 덮어가며 그 덤불 속에서 참외새끼들을 키우는 것이지 참외가 오이처럼 줄을 타고 올라간다는 말은 들어보지도 못했으며 그리고 설사 참외도 줄을 타고 올라간다 하더라도 저 간이정자 지붕에는 오이 6그루만 하더라도 그리 넉넉한 자리가 못되지 않느냐〉고 말해주었다.

그랬더니 아내 하는 말이 어느 티브이에서 분명히 보았다며 한번 해보고 안 되면 참외모종 값 천원 버린 셈 치겠다는 것이다. 아내는 원래 서울토박이출신이라 농사일에는 전연 상식도 없고 또 관심도 없었는데 10여 년 전부터 남편을 따라 농장에 다니며 이런 일 저런 일 거들더니 이제는 남편인 나보다 더 농사일에 적극적이며 상식 또한 넓어져 있다는 것이 나로 하여금 신기하기도 하고, 또 한편으로는 미안하게도 생각하게 하는 것이다. 남들은 다들 고희나이 되면 해외여행 다니며 잔여인생을 즐긴다는데 해외여행 가자해도 자기는 농장에 가서 이런저런 일 하는 것이 더 즐겁다고 하니 이거야말로 잘된 일인지 잘못된 일인지 가늠하기 어려운 것이다.

어쩌겠는가! 아내 말을 들어주어야지. 마침 죽은 감나무 모종 두개가 있기에 뽑아버리고 그 화분 두개를 아내에게 건네주었고 아내는 그 참외 4모종을 한 화분에 두개씩을 심었다.

심어놓은 참외모종은 밑동색이 누렇고 자그마한 잎사귀들도 시원치가 않아 보이며 눈부신 이 아침 햇살 속에서도 밝아보이지가 않는다. 과연 이 참외모종들이 저 오이들처럼 무럭무럭 자라며 줄을 타고 간이 정자 위 가지런히 고정시켜놓은 막대들 위에 올라 오이들과 나란히 노란 참외들을 대롱대롱 매달려 줄 수 있을까. 참외모종들아! 기왕 이렇게 된 것 아내에게 또 한 번의 용기를 주기위해서라도 이 한여름 부디 단 몇 개의 참외 얼굴이라도 보게 해주렴.

호박잎에 떨어지는 빗소리

열대야에 잠 못 이루다가 기온이 좀 내려간 새벽녘에야 잠시 깊은 잠에 떨어졌는데 이때 열어놓은 창밖에서 요란한 웬 소리가 또다시 나의 잠을 깨웠다. 혼미한 정신을 가다듬으며 창밖으로 얼굴을 내밀어 살펴보니 분명 비가 쏟아지는 소리인데 그 소리가 희미한 밤하늘에서 내리는 가는 빗줄기치고는 너무나 요란한 소리를 내는 것이 이상했다. 다시 한 번 정신을 가다듬어 살펴보니 내리는 빗소리를 그렇게 확성기처럼 크게 확대시키고 있는 주범은 바로 쟁반같이 넓은 호박잎들이었다. 창밖 테라스 텃밭에서 옥상으로 뻗어 오르는 호박넝쿨의 넓은 잎들이 실로 오랜만에 내리는 빗줄기에 그 넓은 얼굴들을 활짝 펴서 빗줄기를 받으며 환성을 지르며 나를 깨운 것이다. 아마도 나처럼 더위에 지친 호박잎들도 창밖에서 잠 못 이루는 방안의 나를 들여다보고 있다가 모처럼 빗줄기가 내리니 소리 질러 나를 깨워주었는지도 모르겠다.

이처럼 시원한소리가 또 있을까. 그 어떤 노래 소리라도 이토록 상쾌한 가락이 있을까. 심심유곡에서 쏟아져 내리는 폭포소리와도 같다. 그것도 내방에서 잠자다 깨어 창문을 통해 들으니 이런 호사가 또 어디 있겠는가. 피아노의 청량한 소리는 건반을 두드리는 손가락에서 나오지만 호박잎에서 나는 저 상쾌한 저 소리, 열대야 열기까지 가셔주는 저 소리는 빗줄기가 호박잎의 어느 곳을 두드려내는 음향일까.

호박잎들은 저희들을 내어다보는 나의 눈길을 의식한 듯 그 넓은 잎들로 너울너울 춤까지 추어 보인다. 게다가 아직은 어두운 밤이라 잘 보이지는 않지만 군데군데 노란 호박꽃들까지 빗줄기를 온몸으로 받으며 꽃잎들을 얌전히도 오므리고들 있다. 이 5층 테라스 얇은 흙 두께의 텃밭에서 과연 애호박이라도 열릴 수 있을까 조심스레 내 눈치를 보는 것도 같다. 그래 나는 말해준다. 〈예쁜 호박꽃들아! 애호박들일랑은 기대하지 않아도 좋다. 나는 오늘이 새벽 빗줄기 받아 큰소리로 노래 불러 열대야로부터 벗어나게 해준 그 고마움으로 모든 것이 족하단다.〉

사실상 이 호박 두 그루는 애초부터 나에게서 구박을 받으며 자라났다. 원래 내 창밖 텃밭은 포도나무 두 그루가 자라고 있는 자리인데 작년 아내가 농장에서 따온 늙은 호박 하나로 호박말랭이를 만들려고 쪼개고 나서 그 호박씨를 이 포도넝쿨 옆에다 버렸는데 금년 봄에 보니까 호박 싹들이 소복하게 돋아나는 것이었다. 원래 그 자리에는 아내가 상추를 심는 자리고 또 호박은 이런 도심에서는 자라지 못하는 걸로 알고 다 뽑아버렸는데 며칠 후 나가

보니 아직도 호박모종 두 개가 살아 있었던 것이었다. 그래 속으로 한 호박에서 나온 수많은 씨앗 중에서 너희 두 모종이라도 남아 종자를 퍼트리려는 그 가상함에 놀라며 그 자리에 살도록 그냥 놓아주었던 것이다. 그래서 그 두 그루의 호박은 그 자리에 뿌리를 내리고 이제는 옥상으로 새로 매어준 줄 따라 오르면서 내 창밖을 덮어주며 내 방안까지 엿보기도 하는 것이다. 이 호박잎들이 또 한 편의 시까지 고마움의 보답으로 선사해 주었다.

두 그루의 호박 넝쿨

참으로 오묘하고
빈틈없는 우주의 섭리를
너희들이 보여 주는구나

홀대를 받아가면서도 자라나
처음 들어보는 빗소리 반주로
나를 이토록 시원케 해 주누나

시골 돌담이나 밭에서 못 보던
너희들의 속내까지 내 창문으로
거울 속처럼 보여주는구나.

종자를 퍼트려야 한다는 하늘의 뜻과
고마움은 갚아야 한다는 도리까지
너희들도 이미 알고 있구나

두 송이의 관음죽觀音竹 꽃

5층 현관 앞 화분의 관음죽에는 금년 봄에 핀 두 꽃송이들이 아직도 그대로 달려있어 부채처럼 생긴 잎사귀들 사이로 그 모습을 보여주고 있다. 다만 금년 봄 처음 피었을 때는 하얀색이었는데 지금은 갈색으로 되어 있다. 가까이 다가가서 줄기에 달려있는 꽃 속의 좁쌀보다 좀 크고 녹두알보다는 좀 작은 꽃 알들을 만져보니 힘없이 떨어진다.

이 관음죽이 금년 봄 꽃피었을 때 나는 매우 기뻤다. 왜냐하면 이 관음죽은 작년 봄 부터 잎사귀들이 노랗게 병들어 죽어가기에 가위로 노란잎사귀들은 거의 다 잘라버리고 제 색깔 내는 푸른 잎사귀 몇 개만 남겨두고 그저 죽은 걸로 여기면서도 같은 건물 4층 현관 앞 관음죽에 물 줄 때마다 가여운 생각이 들어 물을 주었더니 놀랍게도 작년 여름부터 새잎들을 내밀며 살아나기 시작하더니 금년 봄에는 예기치 않았던 두 송이 꽃까지 피워준 것이다. 그런데 한 가지 이상한 것은 같은 건물 4층 현관 앞에 서 있는 다른 관음죽은 5층의 관음죽보다 2배나 키와 둘레가 크고 넓을 뿐 아니라 매년 꽃을 안 피우던 해가 없었는데 웬일인지 금년에는 꽃을 단 한 송이도 피우지 않았다는 점이다. 혹시나 같은 종족인 저들도 아래 위층에 살면서 대화를 나누며 금년 봄에는 위층 관음죽에게 꽃을 양보해준 것이나 아닐까 하는 엉뚱한 생각도 든다.

이 두 관음죽을 어머님과 내가 돌보아 온 지도 벌써 13년째나 된다. 이 건물을 완공하고 준공식을 지내던 1994년 7월 8일 어느 하객으로부터 받은 이 두 관음죽을 13년이나 처음에는 어머님이, 어머님 돌아가시고 난 후에는 내가 이어서 물을 주고 정성들여 가꾸어온 것이니 나와는 깊은 인연이라도 있는 듯 정도 들었고 특히나 어머님 돌아가시고 난 후에 내가 물 주고 가꿀 때는 어머님이 먼저가신 아버님의 극락왕생과 자식들 잘되게 해달라고 두 손을 합장하고 비셨던 것처럼 나도 비록 두 손을 합장은 아직 서툴러 못하지만 마음 깊이 어머님의 극락왕생과 자식들 잘되기를 빌곤 했던 것이다. 어머님은 젊어서부터 누님과 함께 절을 다니신 독실한 불제자이시라 이 두 관음죽 이름만 들으시고 관음보살님의 꽃으로 여기시고 특히나 애지중지 길러주셨던 것이다. 처음 이 관음죽 두 그루를 받았을 때 어머님이 왜 그 이름이 관음보살님 이름이냐 물으시기에 나도 몰라 사전을 찾아보니 이 관음죽은 야자과의 상록관목으로써 중국남부지방이 원산지라고 하는 바 아마도 중국불교가 성행하던 때 남방의 어느 불자가 지어준 이름이 아닐까 사료 된다 라고만 씌어있어 어머님께 그대로 말씀드렸던 것이며 내 생각으로도 관세음 보살님의 이름을 부여받은 이 관음죽이야말로 식물 중에서 최고의 영예를 획득한 행운의 존재가 아닌가 여겨지는 것이다.

또 한 가지 내가 이 관음죽을 아껴온 이유로는 관음죽 꽃이 피면 그 해에 좋은 일이 생긴다는 말을 어느 누구로부터인가 들은 때문이다. 그래 4층 현관 앞 관음죽에 물줄 때면 같은 건물에서 내가하던 수출무역사업을 계속 이어가는 큰아들과 막내아들 잘 되기를 빌고 또 둘째아들 미술학원 잘 되기를 빌면서 이 관음죽 꽃피어주기를 기원했고 우리내외 둘이서 사는 5층 현관 앞 관음죽에 물을 줄 때도 우리 두 내외 시골농장 오래 다닐 수 있는 건강을 위해 계속 꽃피어주기를 기원하는 것이다.

테라스 텃밭의 갓을 위한 노래

아침 식탁에 갓 무침이 눈에 띈다. 한 젓가락 집어 씹어보니 상큼한 갓 향기가 코를 찌른다. 아내에게 〈웬 갓 무침이냐〉 물어보니 〈테라스 남쪽 텃밭에서 따다가 무친 거〉라 한다. 〈언제 갓 씨를 사다 심었느냐〉고 또 물어보니 〈사다 심은 게 아니라 지난봄부터 가을까지 당신이 온종일 내다보며 글만 쓰던 동쪽 당신서재 창문 밖 테라스텃밭의 갓 꼬투리 몇 개를 따서 씨를 발려 테라스 남쪽 텃밭에 심고 물을 자주 주었더니 갓들이 소복이 자라나 엊저녁에 솎아서 무친 거〉라고 자세히 대답해준다. 코로나19 때문에 집안남쪽테라스조차 나가 본 일이 없는 나는 아내의 그 말을 듣고 새삼 그 아가손톱만 하던 그 꼬맹이 갓이 보여준 신비로운 삶의 위력에 다시 한 번 놀란다.

나의 서재 책상 옆 창문 밖으로는 자그마한 테라스텃밭이 내다

보이는데 이 텃밭에는 큰아들이 사다 심어준 아로니아나무 세그루가 있고 그 옆에 공간이 좀 있어 아내는 이곳에 토마토나 채소를 심고는 했다. 금년 이른 봄에도 아내는 이 텃밭공간에 잡풀들을 뽑아내고 토마토 한그루를 사다 심었다.

어느 날 모처럼 테라스로 나가 물을 주다가 아내가 며칠 전 풀을 뽑고 심은 토마토 모종 옆 담장 밑에서 웬 아가손톱만한 싹 하나가 얼굴을 내밀고 있어 아내에게 물어보니 작년에 심었던 갓 씨가 땅속에서 겨우내 살아남아 제풀에 돋아난 것이라 말해주었다. 뽑아버리려다가 오죽이나 살고 싶었으면 아내 손을 벗어나 저 담장 밑 구석에 숨어 얼굴을 내밀었을까 하는 안쓰러운 마음이 생겨 그냥 내버려 두었다.

드디어 중국우환에서의 코로나19 발생에 관한 언론 보도가 시작되더니 1월 20일경부터 우리나라에서도 확진자가 발생하기 시작했다. 처음에는 별것 아니겠지 하고 지냈는데 2월 7일 동생 생일모임을 취소한다는 전갈로부터 시작하여 코로나는 수그러들기는커녕 기세를 더하여 우리 모두를 공포의 도가니 속으로 몰아넣기 시작했다.

매년 3월 중순 부터는 주중 서너 번 아내와 함께 전철을 타고 농장에 내려가 밭 갈고 과수들 가지치기를 해주기 시작하여야 하는데 아들 셋이서 코로나걱정들하며 전철을 못 타게 하고 10일에 한번 그나마 저들차로 함께 순서를 정해 다녀오게끔 되고, 친구들 모임도 다 연기에 연기를 해가고, 형제들 생일모임도 다 취소를 하게 되어 결국 답답함과 무료함을 달래기 위하여 나는 지난 4월 12일부터 나의 책장을 들추어보다가 뜻밖에도 내가 13년 전 써놓고도 까맣게 잊고 있었던 365편의 수필들을 발견하여 제2,제3수필집 두 권을 발간할 결심을 하고 선정수정작업選定修正作業을 시작했던 것이며 집안 서재에 들어박혀 있으려니 바로 창밖 자그마한 텃밭만 내다보며 하루하루를 보내는 수밖에는 별도리가 없게 된 것이다.

수필 수정작업을 하면서도 내다보는 곳은 나의 서재 창밖 테라스 텃밭이었다. 텃밭에는 3그루의 하얀 아로니아 꽃이 꽃 더미를 이루어 그나마 나로 하여금 1달 가량은 위안을 해주더니 지고 말아 나를 서운케 하려할 바로 그때 내 눈에 웬 노란색의 꽃이 보였다. 무슨 꽃인가 궁금해 오랜만에 테라스로 나가 텃밭을 들여다보았다. 텃밭의 아로니아나무 3그루와 아내가 심어 기른 토마토 1그루 그리고 담장틈새에서 싹을 내밀던 그 아가손톱만 하던 갓 한그루가 그새 햇볕을 쐬려 애를 쓰며 놀랍게도 아로니아나무와 토마토 키만큼 길쭉하게 자라 오르며 꽃 몽우리를 터치기시작한 것이다. 그 꼬맹이 갓이 그야말로 기적을 이루고 있는 모습이었다. 나는 얼른 베란다로 들어와 전지가위를 들고나가 아로니아나무 가지와 토마토 가지들을 쳐주어 기적을 이루고 있는 갓의 영역을 넓혀주고 음지에서 키만 훌쩍 큰 갓이 쓰러질까 걱정되어 고춧대로 받침대도 만들어 주었던 것이다.

내 눈길을 독차지하고부터 갓은 하늘 높은지 모르고 기고만장 자기의 영역을 넓혀가며 자신이 채소가 아니라 나무라도 되는 듯 날개를 펼쳐가며 저들 세상의 온갖 신비로운 섭리를 보여 주었다. 봄에는 노란 꽃으로 온몸을 휘감아 마치 노란 공작새 날개 빙그르 맴도는 모양으로 3달 동안이나 보여주며 벌 나비도 불러주고 한여름에는 노란 꽃들 자리마다 씨앗담은 수많은 푸른 꼬투리로 몸 매무새를 바꿔어가며 3달이나 보여주고 또 다른 결실의 초가을부터는 그 푸르던 꼬투리들을 모두 황금색으로 변해가며 2달동안이나 보여주어 8개월 동안 서재에서 수필수정 작업하는 동안 코로나로 만나지 못하는 친지들이 그리울 때면 그 노란 꽃 더미와 푸른 꼬투리더미 위에 그리운 얼굴들도 불러주고 저 하찮게 여겼던 꼬맹이 갓은 햇볕조차 가려진 역경 속에서도 저렇게도 수백 송이 꽃을 피우는데 나는 어찌 수필 한 편 수정하는데도 이리 힘이 드는가 하고 부러워하기도 했던 것이다.

뜻밖에도 이 아침 아내가 준비해준 식탁에서 그 꼬맹이 갓이 내려준 갓 무침으로 식사를 하고 서재로 들어와 책상 위에 마무리된 두 권의 수필집 원고를 쓰다듬어 주며 이제 초겨울이 되었는데도 누렇게 변한 몸체와 가지들을 유지하며 아직도 창밖 테라스텃밭 담장 안에서 선정禪定에라도 잠겨있는 듯 초연한 갓대의 모습을 내다보고 있으려니 어쩌면 저 갓이야말로 우리네 인간들은 80평생을 두고도 이루기 힘든 아름다운 삶을 단8개월 만에 이루어 태어난 하늘로부터의 소명을 다했으니 이 지구상의 인간이나 만물 모두가 길고 짧은 면은 다르지만 결국은 마찬가지 삶이로구나 하는 생각이 든다.

하찮은 풀이라 업신여기고 뽑아버리려던 나를 미워하기는커녕 오히려 저 창밖 역경속의 텃밭에서 나의 두 눈과 마주쳐주면서 나의 새로운 제2,3수필집이 마무리되기까지 나로 하여금 저 무서운 코로나의 공포와 외로움으로부터 벗어나게 해주었으니 저 갓이야말로 나에게는 얼마나 고마운 반려자였던가. 생각할수록 고마운

갓에게 시 한편을 선물한다.

테라스 텃밭의 갓을 위한 노래

우리네 인간들도 80평생 이루기 힘든
아름다운 삶을 단8개월 만에 이루고
선정禪定에 들어선 갓이여!

나 그대를
하찮은 갓 하나라 업신여겼는데
이제는 그대의 아름다운 삶을 찬양하네

코로나가 무서워 집콕 신세 된 나를
뽑아버리지 않은 것만도 고마워하며
내 창밖 텃밭에서 나를 격려해 주었네

그대는 햇볕 없는 역경 속에서도
우쩍우쩍 자라는 모습 보여주어
코로나로부터의 두려움도 잊게 해주었네

봄부터 여름중순까지
노란공작새 날개 활짝 핀 그대 꽃더미로
그리운 얼굴들과 벌 나비들도 불러주고

늦여름 되니 노란 꽃들 자리마다
씨앗담은 수많은 푸른 씨앗꼬투리들로
나의 글 속 구절마다 희망을 넣어주었네

가을에는 그 가녀린 몸으로
수많은 결실 씨앗꼬투리를 보여주니
그대 아름다운 결실은 나를 감동케 했네

그대와 함께 시작한 나의 제2,3수필집도
이제 그대와 함께 마무리 되었으니
어서 빨리 코로나 종식 되기나 빌어야겠네

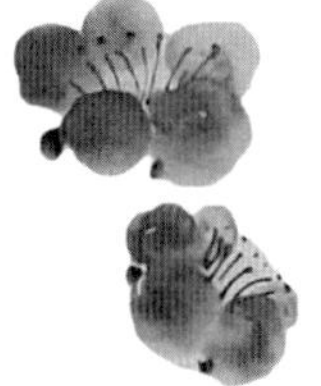

2부

함박꽃 웃음 - 가족사진

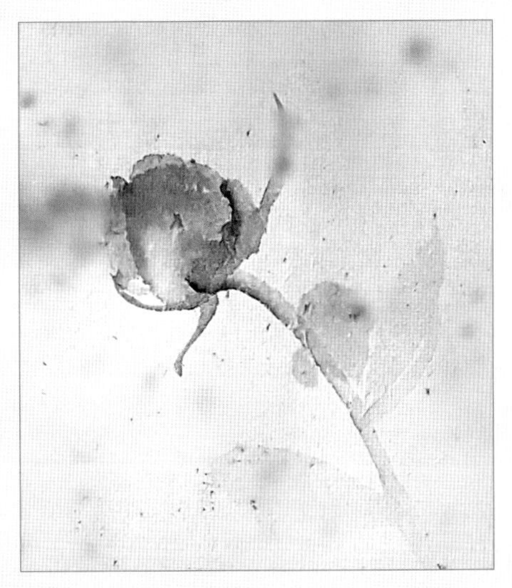

함박꽃 웃음
- 가족사진

우울할 때면 이 사진을 본다. 어느 식구가 보고 싶으면 이 사진을 본다. 어느 손자나 손녀가 보고 싶어도 이 사진을 본다. 이 사진은 내 집 응접실 벽에 걸려있어 보고 싶은 생각이 없어도 마루 위를 오갈 때면 내 시선을 끌어 모은다.

사진들과 눈이 마주치면 우울하던 내 마음은 금세 밝아진다. 그리고 나도 모르게 웃음을 짓게 해준다. 왜냐하면 이 사진에 들어있는 17식구들이 다들 웃고 있기 때문이다. 우리 두 내외는 한 가운데서 웃고 있고 아들며느리와 손자손녀들은 키대로 반원을 그리며 둘러앉고 서서들 웃고 있다. 동그란 원을 그리는 부채춤 같다. 부채 춤추는 무희들의 오색무지개 물결 같다. 아니다. 그보다는 터진 꽃송이 웃음, 터지려는 꽃 몽우리가 웃음을 참지 못하고 있는 것 같다.

이 바쁜 세상에 어떻게들 하나도 빠지지 않고 다들 모여 주었느냐. 다들 건강한 모습으로 이렇듯 행복한 웃음으로 다들 모여 사진을 찍어주었느냐. 그리하여 이렇듯 우리 두 내외에게 기쁨을 주고 웃음을 주느냐. 이보다 더 큰 선물 이 세상천지엔들 그 어디에 있겠느냐. 그 어느 명화인들 그 어느 예술사진인들 그 어느 문학의 향기인들 이보다 더 위대한 작품일수 있겠느냐. 물론 남들에게는 하찮은 사진이겠지만 나에게는 산같이 쌓인 보석과도 바꿀 수 없는 사진이 아니겠느냐. 이 사진 속 우리 가족의 화목한 웃음 어찌 잠시인들 멈출 수 있겠느냐. 고맙다. 진정 고맙다. 하나도 빠짐없이 다들 모여 이런 호사로운 선물한 내 아들 며느리 손자 손녀들아.

동그란 원의 모습이 우주를 닮았구나. 둥그런 원 속의 얼굴들은 달님을 닮았고 눈동자들은 반짝이는 별들을 닮았고 밝은 웃음 띤 얼굴들은 아침 태양처럼 해맑구나.

둥그런 원의 모습은 지구를 닮았구나. 둥그런 원 속의 숨소리는 저 푸르른 숲속의 바람을 닮았구나. 17식구의 마음과 마음은 저 넓은 바다처럼 하나로구나.

둥그런 원의 모습은 우리가족들의 화목의 꽃이로구나. 해바라기 닮았구나. 모진 바람 불어도 흩어지지 않고 함께 해맞이하는 해바라기 닮았구나.

고맙구나 아들들아 며느리들아 손자 손녀들아.

각기 보금자리 마련해 떨어져 살면서도 더욱이 셋째아들네는 머나먼 독일에 가 살고 있는데도 다들 와서 우리 두 내외 살고 있는 이집에 꽃밭을 완성시켜주었구나. 언제나 보고 웃을 수 있는

이 행복의 꽃밭을,

나의 제2시집에 게재한 시 〈함박꽃웃음〉이다.

함박꽃웃음-가족사진

활짝 핀 함박꽃들이에요
활짝 핀 함박꽃웃음들이에요
열일곱 송이 함박꽃 웃음들이에요

한가운데
칠순 맞아 한복 입은
우리 두 내외도 행복한 함박꽃웃음

동그랗게 둘러싼
아들며느리 손주들
열다섯 꽃송이모두 행복한 함박꽃웃음

두 내외 사는 이집
결코 외로움을 타지 않는 이유는
늘 함께하는 함박꽃웃음 때문이에요

달님이여

달님이여! 지구 주위를 돌면서 태양의 빛을 반사하는 천체여. 지구의 0.6배정도가 되는 달님이여. 그대는 지구로부터 떨어져나가 생긴 것입니까. 그렇지 않으면 지구가까이 지나다가 지구의 인력에 붙잡힌 것입니까. 어찌하여 그대는 그대 가슴에 품고 있는 어두운 그림자를 토끼 한 마리라 부르게 하고 물 긷는 사람이라고도 하며 계수나무라고도 하며 베 짜는 여인이라고도 하는 신화와 전설을 내려이어주고 있는 것입니까. 그대 신비로움을 더해 주시려는 겁니까. 그리하여 인간들이 살아가는 동안 그대를 바라보며 슬퍼도 하고 기뻐도 하게끔 하시는 겁니까. 그리하여 저 당나라 이태백시인으로 하여금 그대 그림자를 불러 취중 춤을 추게 하고 결국 뱃노래 부르고 호수에 가라앉은 그대 건지게 하여 그대나라로 영원히 데려가신 겁니까.

달님이여! 오늘은 정월대보름날 그대 생일입니다. 일 년 중 그대 얼굴 가장 크고 둥글고 아름다운 오늘을 그대 생일로 택하여 대보름날이란 명절날로 정하고 예로부터 이날이 오면 모두들 들과 밭으로 나가 그대를 반갑게 맞으며 손에 손을 잡고 강강술래 춤추며 새해 또한 지난해처럼 풍요로움 주소서하고 빌고 또 빌었지요.

달님이여! 그대 올해 생일인 오늘도 이 도심 5층 테라스에서 기다리는 우리 두 내외 외면하지 않으시고 찾아 불암산 위로 솟아오르시는군요. 붉으레한 여울타고 솟아오르시는군요. 우리 두 내외 테라스로 나가 불암산 하늘에 떠오른 그대 달님 두 손 모아 마중하며 빕니다. 그 옛날 우리 할머님 어머님은 정화수 떠놓고 빌었지만 우리 두 내외 두 손 합장하고 허리 굽혀 마중하며 빕니다. 자식들과 친지들과 온 국민들과 이 나라 모두 잘되게 해 주시길 빕니다. 그리고 무엇보다도 저 무서운 코로나19재앙도 어서 빨리 말끔히 종식시켜주시고 다시는 못 오게 해 달라 빕니다.

달님이여! 안타깝게도 세상인심은 많이도 변했습니다. 우리 할머니와 우리어머님처럼 달님에게 정화수 떠놓고 빌고 이태백이처럼 달님과 술잔 나누며 그대 그림자의 흐늘거림과 춤추던 그런 정성과 낭만의 시대는 지났습니다. 조금 더 높이 떠오르시어 내님 오는 길 밝혀주소서 하고 임 그리워하던 옛 여인들의 아름다운 소망은 이제는 아파트 창문으로 들여다보시던 창문도 커튼으로 가려버리고 티브이에만 시선을 집중하고 있습니다. 그대 밤하늘에 없다면 깜깜절벽임을 인식하지 않고 그 고마움을 당연시하고 있습니다. 그대 존재 없다면 자신의 존재도 없다는 걸 망각해 버린 것입니다. 하기야 그대 품 안 하도 커서 헤아릴 수 없긴 하지만 말입니다. 인간들의 무한한 욕심은 지구를 병들게 하고나서 이제는 그대 달님에 대한 탐사니 뭐니 껍죽대고 있어 태고로부터 지속되어오던 그대에 대한 어머님 같은 따사로운 감성과 연인들의 낭만을 훼손하기 시작했습니다. 인간들이 주제넘게 그대 표면에 잠시 머물다 와서 그대를 정복했느니 달나라여행이 곧 된다느니 무례하게 떠들어대지만 그대는 괘념치 않고 오늘도 옛날부터의 그 신비로운 그 자애로운 모습 그대로입니다.

달님이여! 큰스님들은 그대 밝은 모습을 사람의 마음으로 가르치고 있습니다. 마음의 모든 티끌들을 닦아 없애면 그대 밝은 달이 떠오른다는 것입니다. 밝은 달이 마음에 떠오르게 되면 그것이 곧 깨달음을 얻는 득도의 증표라는 겁니다. 깨달음은 곧 지혜인 것이니 그대를 지혜의 어머니로 추앙하는 것입니다. 사랑과 지혜와 자비의 달님이여 더 멀리 계십시오. 지구를 병들게 하고 이제 그대 몸 근처까지 병들게 하려는 인간들 야욕을 근절시키기 위하여 좀 더 멀리 계십시오. 아니 좀 더 가까이 오십시오. 가까이 오시여 태초부터 쌓아온 그대 원력과 지혜로 저들 진행하고 있는 달님 탐사계획을 막아주시고 그 엄청난 돈을 지구를 살리는데 쓰게 하소서. 하루에도 몇 만 명씩 굶어 죽어가는 지구촌 사람들 생명도 구해주소서.

달님이여! 그대 사랑하지 않는 사람 어디 있나요. 그대 태초로부터 인간이 생기며 진화하는 과정부터 현금에 이르기까지 상세히 지켜보면서 항상 제자리에서 때로는 빙그레 웃으시며 슬픔에도 젖으시며 때로는 다정하게 또는 야멸치고 냉정하게 내려다보고 계시지요. 그대는 그대를 바라보는 사람의 마음에 따라 위로하고 슬프게 하여주는 어머님 마음처럼 넓고도 넓지요. 농부에게는 24절기로 농사짓는 지혜를 주시고 이태백 같은 시인에게는 시정詩情을 주시고 도심의 빌딩숲 삭막한 공간까지 찾아와 소원을 들어 주시지요 그뿐인가요 그대 지상의 모든 삼라만상에게 그림자를 주어 외롭지 않게도 해 주시지요

오이소박이

아내가 이른 아침부터 테라스 텃밭에서 초봄부터 탐스럽게 자라난 파와 부추를 캐서 다듬는걸 보고 된장찌개를 끓여주려나 생각했더니 그게 아니라 오이소박이를 만들기 시작한다. 갈라진 오이몸통 속에다 양념한 파와 부추를 집어넣기 시작하는데 아내의 얼굴표정이 왠지 밝지가 않다. 그제야 나는 아내가 셋째아들네 집에 갖다 주려 오이소박이를 만들고 있구나 하고 짐작하게 되었다.

어제 갑자기 결정되었다고 셋째아들이 전화를 해주었는데 다음 달에 독일주재원으로 파견되어 5년간을 그곳에서 살다오게 되었다는 내용이었던 것이다. 그것도 가족도 다 데려가 살다 온다하니 나도 섭섭한 마음으로 밤잠을 설쳤는데 아내인들 그 섭섭한 마음 오죽했으랴. 그래 새벽부터 셋째아들네 식구, 아들내외와 손녀딸과 손자 주려고 서운한마음 조금이라도 가라앉힐 겸 오이소박이를 만들기 시작한다는 걸 짐작하게 된 것이다. 더구나 셋째아들은 평소에도 오이소박이를 아주 좋아한다는 걸 누구보다도 아내가 잘 알고 있다는 걸 나는 알고 있기 때문이다.

하기야 요즘같이 어려운 나라경제 형편에도, 아이엠에프 위기 때보다도 취직하기가 더 어렵다는 이 시절에 누구나 부러워하는 회사를 다니는 것만 해도 대견한 일인데 게다가 유럽을 총괄하는 지사책임자로 가족들과 함께 나가 산다는 것은 얼마나 큰 복이겠는가는 알고 있지만 5년간은 보기가 힘들 거란 생각에는 부모 된 우리내외 마음은 아프기도 한 것이다. 더구나 다른 세 아들네 집도 그리 멀지는 않지만 셋째아들네 집은 바로 우리건물 길 건너 아파트였으니 재롱떨며 지내던 손자손녀 떠나고 나면 얼마나 우리 두 내외 가슴 허전하겠는가.

조반을 들고난 우리 두 내외 가까이 살고 있는 셋째아들네 집으로 간다. 아파트단지로 가는 길가에는 줄지어선 벚꽃들이 만발하게 피어있고 떨어지는 꽃잎들은 눈송이처럼 보도와 잔디위에 날리고 있다. 오이소박이 한 냄비 들고 가는 아내는 그런 꽃 대궐 같은 벚꽃터널을 지나면서도 아무 말이 없다.

마침 며느리는 한돌 지난 손자 놈을 등에 업고 유치원에서 공부를 끝낸 손녀딸을 데리려 문밖을 나서고 있었다. 가는 길에 손자 놈을 동네 슈퍼로 데리고 가니 손자 놈은 이리저리 뒤뚱뒤뚱 걸어 다니며 물건들을 고르는 것이다. 지지난달 선친 제사 때 보고 두 달 만에 보는 손자 놈은 그새 많이도 컸다. 그때만 해도 낯을 가려 울더니 오늘은 뭐라고 주절대며 아는 척을 한다.

손녀딸 유치원에 가니 그때 막 공부를 마치고 나오는 길이었다. 우리식구는 아파트 정원 벤치에 앉아 나는 처음으로 손녀딸과 손자 놈을 그네도 태워주고 미끄럼틀에 올려주기도 한다. 마침 며느리는 누구와 만날 약속이 있다하여 우리내외는 집으로 발길을 돌렸다. 아내는 이제야 오이소박이도 건네주었고 손자 손녀도 안아주고 해서 그런지 흐드러지게 핀 벚꽃과 백목련과 적목련을 보며 그 얼굴에 잔잔한 미소를 띠우고 있다.

꽃비

백화점으로 가는 길가 아파트단지에는 벚나무 꽃으로 터널을 이룬 곳이 있다. 보도양쪽에는 벚나무 수십 그루가 줄지어 서 있고 마침 꽃이 만개하여 눈이 부실정도로 연분홍꽃구름 터널을 이루며 아울러 꽃잎들을 휘날려 보도 위를 벚꽃카펫으로 깔아주고 있다. 고개를 쳐들어 봐도 하늘은 온통 꽃이요 땅을 내려다보아도 연분홍 벚꽃 세상이다. 어찌 멀리만 가야 꽃구경인가. 집근처 이곳에도 이렇듯 황홀한 꽃 세상이 있는데.

백화점으로 향하던 나와 아내는 발걸음을 멈추고 벚나무 밑 벤치에 앉았다. 사는 게 무엇이 그리 바쁜지 그저 간다고 해야 농장 과수원의 꽃들이나 보며 또 농장을 둘러싼 산자락의 진달래꽃이나 보면서 봄을 보낸 지도 여러 해이고 남들 잘 간다는 제주도 벚꽃구경이라던가 진해벚꽃군항제라던가, 그리고 티브이에서 소개

하는 그 여러 군데를 한 번도 가보지 못했는데 마침 오늘 뜻밖에도 이렇게 집근처에서 황홀한 꽃 속을 거닐다보니 새삼 아내에게 미안한 생각도 들어 아내의 손을 끌어 길가벤치에 함께 앉아 꽃 속에서 잠시 쉬었다가자고 한 것이다.

꽃 한가운데 앉아있으려니 우리내외도 꽃이 된 것만 같다. 꽃이 우리내외인지 우리내외가 꽃인지 그저 황홀하기만하다. 바람 한 점 없는데 꽃잎은 수없이 떨어진다. 이따금 바람이 약간이라도 불면 꽃비가 내리는 것처럼 쏟아 내린다.

부처님께서 보리수나무 밑에서 드디어 온갖 진리를 깨치셨을 때 하늘에서 꽃비가 내렸다는 글을 어데 선가 읽은 기억이 새삼 떠오르는데 그때 온 하늘 가득히 내린 꽃비는 어떠했을까? 색깔은 무지개처럼 아름다웠을까. 그렇지 않으면 보리수나무 위에서 꽃이 바람에 무수히 떨어지는 것이 워낙이 위대하신 부처님이시라 그분의 제자들 눈에 그렇게 오색찬란한 꽃비로 보인 것은 아닐까. 하기야 2500여 년 전 그분의 가르침이 오늘까지도 추호의 오차 없이 경탄과 찬송을 받고 계시니 꽃비 아니라 금비라 한들 어찌 지나치다 할 것인가.

오랜만에 두 내외 꽃비내리는 꽃 속에서 무뚝뚝한 대화 나누어 본다.

〈여보 부처님 경전에서 꽃비 이야기 들어본 적 있지?〉

〈없는 데요〉

〈옛날 창경궁에서 당신 처녀였을 때 연분홍 투피스에 연분홍 모자 쓰고 벚꽃 앞에 나타났을 때 기억나요?〉

〈없는 데요〉

〈이젠 나이 들어 옛날 일 다 잊었나요?〉

〈글쎄요〉

〈그러면 저 눈부신 꽃처럼 우리도 좋은 일 뭣 좀 해야지〉

〈그래야지요〉

그제야 분명한 아내의 긍정적인 대답, 혹시나 아내는 내려주는 저 꽃비에 부처님의 가르침이신 자비심에 눈뜬 것은 아닐까. 우리 두 내외 백화점 가던 길도 잠시 잊고 꽃비를 맞고 있다.

꼬꼬엄마

새벽에 농장을 가려고 전철역으로 걸어가자면 전철역 건너편 5층의 요양병원을 바라보게 된다. 그 요양병원 간판을 올려다보면 꼬꼬엄마얼굴이 떠오른다. 벌써 3년이라는 세월이 지났는데도 꼬꼬엄마가 그 옛날처럼 웃는 얼굴로 우리내외를 내려다보며 잘 다녀오라 손이라도 흔들어주는 것만 같다. 나만 그렇게 느끼는 게 아니라 항상 함께 농장을 다니는 아내도 언제나 그곳을 지날 때마다 서글픈 표정을 지어 보내고는 한다.

꼬꼬엄마는 아내의 사촌언니다. 어렸을 때 5촌까지의 대가족이 혜화동 이웃에서 모여 살았고 또 아내에게는 나이 적은 동생들만 있었지 언니라고는 10살이나 더 많은 사촌언니 꼬꼬엄마 한 분밖에는 없었기에 각별히 친 언니나 다름없이 지난 긴 세월 지내왔던 것인데 3년 전 갑자기 길에서 넘어져 병원 치료를 받다가 결국 우리 집 근처인 저 요양병원에 몇 개월 입원하고 지내다가 운명을 하신 것이다. 지난 일기장에 꼬꼬엄마에 관한 다음과 같은 글이 있기에 추모 하는 마음에 여기에 게재하고자 한다.

꼬꼬엄마

탐스러운 빨간 딸기 한 쟁반 가득하기에
이게 웬 딸기요 아내에게 물어보니
꼬꼬엄마가 사 왔어요 대답해주네

꼬꼬엄마는 아내의 사촌언니
올해 여 든 한 살 늙은 할머니
하지만 불러주는 이름처럼 아주 젊은 아낙네

얼굴은 주름투성이지만 허리는 꼬장꼬장
처가에서 꼬꼬엄마의 별명은 마당발
사돈의 팔촌 생일날까지 외우고 다니는 컴퓨터

하지만 배 앓아 낳은 자식은 하나도 없다네
6.25전쟁으로 두 동생 전쟁터로 나가 전사하여
집안일 돕느라 시집갈 엄두도 못 내고 있던 중

이웃에 살던 용하다는 점쟁이가
사주가 세서 후취로 보내야 한다는 말을 믿은 부모
어느 방앗간 주인 후취로 시집을 보냈다네

그때 전처의 큰딸이름이 바로 꼬꼬였다네

꼬꼬 할머니가 어린꼬꼬가 하도 귀여워 꼬꼬라 불러
새엄마 된 새댁이름이 꼬꼬엄마로 부르게 되었다네

아내도 기억난다네
어린 시절 그 떡 방앗간에 놀러 다니던 일들이
명절날이면 몰려가 일 도와주며 떡 얻어먹던 때가

하지만 슬프게도 꼬꼬엄마 남편 죽자
친자식처럼 정성 다해 길러 준 3남매에게서
맨몸으로 버림받았다네

그래도 기른 정 잊지 못해
꼬꼬엄마란 이름 버리지 않고
꼬꼬엄마소리 듣기만 해도 화색이 도는 꼬꼬엄마

아내는 처가소식을
꼬꼬엄마 입을 통해서 듣는다네
둘이 만나면 편하게 누워 끝없는 이야기꽃 피운다네

그래도 착한꼬꼬엄마 하늘도 무심치 않으시어
착한 친정동생과 함께 살며 조카들 거들어 주면서도
다른 친정동생들도 찾아다니는 마당발 컴퓨터 꼬꼬엄마

수지 뜸

서재에 머물다 안방으로 들어가니 방안에 연기가 자욱하다. 향긋한 쑥 냄새다. 아내는 처제가 갖다 준 수지 뜸을 손바닥에 올려놓고 태우고 있다. 처제에게서 배운 대로 수지 뜸을 손바닥 위에 올려놓고 핀셋으로 켜놓은 촛불에서 쑥에 불을 댕기고 앉아있다. 아내의 옆에서는 3돌 반 되는 귀염둥이 손녀딸이 할미의 수지 뜸 재를 할미흉내 낸답시고 핀셋으로 치워주며 제 딴에는 제가 진짜 간호사인 줄 알고 간호사 역할을 하고 있는 중이다.

처제는 아내가 장암수술 받은걸 알고 있다. 비록 아내에게는 아직도 물혹을 떼어버렸다고 거짓말을 하고 있지만 말이다. 그래서 처제는 제 언니의 쾌유를 비는 안쓰러운 마음으로 아내가 병원에 입원해있을 때는 매일 개근을 하다시피 병문안을 와서 지켜주었고 퇴원 후 통원치료를 받고 있는 요즈음도 자주 정성껏 수지 뜸 재료를 사 가지고 와서 강의도해주고 직접 뜸을 떠주고 가고는 하는 것이다. 처제는 수지 뜸 특별 강의를 받은 전문가인 것이다.

나도 아내의 옆에 앉아 타오르는 수지 뜸의 희미한 불꽃연기를 바라보며 피어오르는 향긋한 쑥 냄새에 취해있다. 아내의 얼굴에는 동생의 지극스러운 간병과 손녀딸의 재롱에 행복한 표정으로 밝아있다. 참으로 지금 생각만 해도 빨리 발견되어 좋은 수술결과로 저렇게 많이 회복되어 혼자서도 수지 뜸을 뜨게 된 것이 얼마나 다행인지 모르겠다. 저렇듯 치료하겠다는 의지가 계속 유지된다면 이젠 나도 한시름 놓을 수도 있지 않겠는가. 지난 여름까지도 주말이면 농장에 함께 내려가 하던 농장 일들을 벌써 반 년이나 나 혼자 하는 둥 마는 둥 했는데 이제 멀지 않아 아내와 함께 다닐 수도 있겠구나 하는 기대감이 생긴다.

처음에는 처제가 갖다 준 수지 뜸을 보고 그다지 대수롭게 생각을 하지는 않았다. 동서도 당이 높고 또 지병인 디스크로 고생을 하고 있는데 그 수지침과 수지 뜸으로 많은 효과를 보고 있다고는 하지만 내 아내는 장암수술을 했는데 무슨 상관이 있겠나 하고 생각 했던 것이다. 그런데 얼마 전 대학동창회모임이 있어 나갔는데 그 자리에서 모 은행 지점장으로 근무했던 친구의 말을 듣고부터는 깊은 신임을 하게 되었는데 그 친구는 퇴직한 후 4년간을 수지침과 수지 뜸을 배워 2년째 되는 요즘까지도 노인정이나 외국근로자 모임에 나가 환자들에게 무료로 수지침과 수지 뜸을 놓아주며 논리적으로 강의도 해준다는 것이다. 손바닥에는 사람들 오장육부와 모든 신경계통이 다 있어 몸의 어느 부분이 약하거나 통증이 오면 이 수지침과 수지 뜸으로 고치기도 하고 강화시켜주기도 한다는 것이다.

그래 지금 나는 아내 옆에 앉아 손녀딸 재롱을 보며 수지 뜸을 놓고 있는 아내의 모습을 바라보며 저 수지 뜸이 틀림없이 아내의 완전 회복을 하루라도 더 빨리 가져다주리라 믿어 의심치 않는 것이다. 그리하여 이제 꽃피는 봄도 몇 달 안 남았으니 작년여름부터 나 홀로 다니던 농장 가는 길 함께 다니게 되길 마음깊이 빌고 또 비는 것이다.

산신제山神祭 이야기

엊저녁 내생일모임에 함께 자리한 식사도중 처남이 자기가 고교동기동창회 산악회장이 되었는데 다음 등산 때는 산신제를 올려야한다고 말을 꺼내자 옆에 앉아 듣고 있던 처남댁이 처남의 말을 가로채 〈아니 산신한테 절을 하다니요 하나님에게 기도를 드려야하지요〉 라고 언성을 높였다.

이 말을 들으면서 나는 속으로 아하! 처남은 무종교이고 처남댁은 독실한 기독교신자라 저러는구나 하고 생각하면서도 처남을 옹호해주려 나의 견해를 말해주기를 나도 부모님 산소 오른편 산자락 밑에 산신제단을 조그맣게 만들어놓고 부모님 앞에 절 올려 드리기 전에 산신님께 포와 술잔을 올리며 〈산신님 우리부모님 산소 잘 좀 보살펴주소서 하고 또 우리 둘째아들 아들하나 점지해주소서〉 빌었더니 떡두꺼비 같은 손자를 보게 해주셨다고 말

했다. 워낙이 평소에 마음이 넓은 처남댁이라 거침없이 말은 했지만 미안한 생각도 없지 않았다.

하지만 내 마음 속에는 지나친 종교편향보다는 종교의 넓은 포용도 소중하다는 나의 믿음에는 변함이 없다. 우리나라에 종교가 들어오기 오래전부터 이어져 내려온 고유의 무속신앙도 무조건 미신이라 무시할 것이 아니다. 불교에서도 칠성각이니 산신각이니 하여 포용하여 절 안에도 예치하여 보전해 내려온 것처럼 무조건 유일신이라 하여 상대종교를 멸시하는 것은 옳지 않으며 그 비극은 저 중세기의 십자군 전쟁이나 현재의 9.11테러, 이락전쟁과 같은 인류의 피바다를 이루고야 만 것이다. 내 종교가 소중하면 타인의 종교도 소중하다고 인정을 해주면 되는 것이다. 또한 종교의 취지는 모두 동일한 것이며 단지 오해를 불러일으켜 불상사를 촉발시키는 것이다.

산신에 대한 제사를 지낸다는 것은 자연에 대한 외경심을 의미한다. 자연도 이 우주의 일부이고 나도 우주의 일부인 것이다. 모두 연계된 것이니 자연이 파괴되면 인류人類도 따라서 파괴되는 것이다. 산 바다 들판의 물과 풀 어느 하나 소중하지 않은 것은 하나도 없는 것이다. 자연을 아끼고 보듬어주면 자연도 인간을 아끼고 보듬어주는 것이다.

그러니 산신제를 지낸다는 것이 어찌 아름답고 경건하지 않다 할 수 있겠는가. 자연도 하나님이 내려주신 것이니 하나님이 내려주신 자연에 머리를 조아려 존경한다는 것은 곧 하나님을 존경한다는 같은 뜻이 아니겠는가.

몇 년 전 어느 초등학교 교정에 세워둔 이 나라 시조 단군왕검

동상의 머리를 톱으로 잘라 훼손시킨 일은 아무리 마음을 너그럽게 하려 애써도 용납할 수 없는 그야말로 만행이었다. 지금도 생각하면 끓어오르는 분노와 개탄을 금할 수 없는 것이다. 그 일을 저지른 그 자들은 종교의 참뜻조차 모르는 짐승보다 못한 존재들인 것이다.

풋밤

고추탄저병이 무섭게 번져 오늘은 꼭 고추를 따야하겠다는 전 노인의 전화에 우리내외는 어린 손녀딸을 데리고 농장으로 와서 한 두어 시간 고추를 따고나서 다시 서울로 올라갈 준비를 하면서 잠시 정자 그늘에서 쉬고 있다.

이때 내 눈에 들어온 것은 바로 농막 옆 산 큰 밤나무에 달려있는 제법 큰 밤송이들이었다. 나는 낫을 꺼내들고 밤나무 밑으로 가서 낮은 가지의 밤송이 대 여섯 개 달린 가지를 베어가지고 와서 낫으로 밤송이를 까기 시작했다. 제법 속이 찬 알밤들이 들어있었다. 세돌 반이나 된 어린손녀딸에게 밤 껍질을 까고 속껍질을 벗겨 입에다 넣어주니 〈아이 맛있어요 또 줘요 할아버지〉하고 졸라댄다.

나도 밤 한 톨을 까서 입에 넣어 씹어보니 아삭아삭 씹히는 게

연하고 연한 풋 냄새나는 풋밤 맛이었다. 불현 듯 대학시절 대학 뒷산에서 급우들과 점심도시락을 들고 나서 밤나무에 올라 밤송이를 따 젓가락으로 밤송이를 까서 밤 몇 알을 호주머니에 넣었다가 학교강의가 끝나고 난후 이웃대학에 다니던 여대생을 만나 어느 조용한 나무그늘에 앉아 그 풋밤을 까먹던 기억이 떠오른다. 그때만 해도 대학 일학년 때 우리 둘이서는 풋사랑을 하고 있었던 것이었다. 요즈음 학생들은 어떤지 몰라도 그때만 해도 그저 서로 만나는 것만 좋아했지 손 한번 잡아보지도 못했으니 그것이 풋사랑이 아니고 무엇이었겠는가. 풋사랑은 풋밤이나 풋대추처럼 철이 아직 덜 든 나이에 느끼는 이성에 대한 애정을 말하는 것이며 풋술처럼 아직 술맛도 제대로 모르면서 마시는 술과 같다고도 할 수 있겠다. 그러나 묘하게도 그 풋사랑의 향기는 나이가 들면 들수록 더욱더 가까이 다가와 내 마음을 그 옛날처럼 설레게 해주는 것이다.

먼 그 옛날 내 풋사랑이었던 그 학생은 지금 농막 옆 도랑가에서 서울 집으로 가져갈 풋고추와 애호박 그리고 부추를 씻고 있으며 방금 전까지 앉아있던 손녀딸도 제 할미 곁으로가 도랑물에 발을 잠그며 재잘거리고 있는 것이다, 어제 같은 그 풋사랑 시절은 어느새 내 아내에게 일곱이나 되는 손자손녀를 안겨준 것이다.

손녀딸에게 들려 보내준 풋밤을 아내도 받아 입에 넣고 맛을 보고 있다. 아내가 맛을 보고 있는 저 풋밤의 맛은 어떨까. 내가 음미하고 있는 맛처럼 먼 옛날 풋사랑의 향기를 어렴풋이나마 느낄 수 있을까. 그렇지 않으면 그간 살아온 길고 고달픈 인생길에서 그런 느낌이란 말라버린 나뭇잎처럼 건조하여 사라져 버렸을까.

어느새 아내는 갈 준비를 끝내고 손녀딸 손을 잡고 차에 올라타면서 〈아니 덜 된 풋밤을 왜 따서 남의 입안을 이렇게 텁텁하게 해요!〉 하고 소리친다.

세월의 바퀴에 짓눌린 얼굴과 마음속의 주름들이 젊은 날의 풋냄새 기억까지 지워버렸나 보다.

아내의 친구

아내에게는 다정한 친구가 한 분 있다. 중고교시절 단짝이던 그 친구를 몇 년 전인가 길거리에서 만나 그 후로는 계속 전화를 하고 또 백화점이나 마트에 갈 때는 함께 다닌다. 늦어도 하루걸러는 전화를 하는 것 같다. 어쩌다 내가 전화를 받으면 〈안녕하세요. 영희 있나요〉한다. 고희가 지난 노파들인데도 이름을 부른다. 아직도 어린 시절 학창시절로 생각하고들 있나보다. 나 역시 아내의 이름을 불러주는 아내의 친구가 싫지는 않다. 여지까지 누구에게서나 아내를 찾는 전화를 받으면 누구 할머니 좀 바꿔 달라하는데 아내의 이름을 불러주는 게 생소하기도 하고 나까지도 젊어지는 기분이 들기도 한다. 아내의 친구는 한 번도 우리 집을 방문하지 않는다. 그래서 나또한 아내의 친구 얼굴을 본 적이 없다. 그래서 그런지 전화상으로 아내의 이름을 부를 때면 그 옛날 아내의 학창시절 아내와 함께 찍은 흑백사진 속의 아내의 그 친구 모습으로 생각되는 것이다.

아내가 가까운 거리에 그렇듯 다정한 친구가 있다는 게 부럽다. 그 친구와 쇼핑을 가면 한 댓 시간을 즐겁게 이야기를 나눈단다. 무슨 할 이야기가 그리도 많은지 돌아 올 때면 아내의 얼굴에는 그늘 한 점 없이 맑은 미소가 있다. 그래서 나는 아내가 친구 만나러 간다하면 어서 다녀오라고 하며 꼭 둘이서 맛있는 음식을 들고 오라 한다. 그러나 둘 다 아주 검소한 생활에 젖은 사람들이라 끽해야 자장면이나 우동을 즐긴다고 한다.

한번은 아내의 그 친구가 병에 들어 한달 간을 외부에서 만나지를 못했는데 그때도 아내는 그 친구 집으로 찾아 가기도 하고 전화도 하고 아내의 친구에 대한 걱정은 이만저만이 아니었다. 그래서 나는 두 사람의 우정을 부러워하고 아내에게 그런 친구가 있다는 게 그리도 기쁠 수가 없는 것이다.

아내가 나와 결혼한 후 여태껏 중고등학교며 대학동창들을 만나지 못하고 지내온 것은 이 못난 남편 때문인 것이다. 대학3학년 되던 해 군대를 다녀와 다시 복교를 한 2년 후 3학년 학생신분으로 결혼을 했으며 가뜩이나 경제적으로 풍족치 못한 집안에다 시부모에 5자매까지 한집에서 시집살이를 시작했으니 그때부터 아내의 고생문은 열리게 된 것이다. 하지만 2년 후 내가 대학을 졸업하고 좋은 직장에 입사하고부터 아내는 가난을 면하게 되었고 나와의 결혼을 극구 반대하던 아내의 친정식구들로부터도 체면을 다소나마 세우게 된 것이다.

그렇다면 그때부터라도 아내는 친구들과 교류를 할 수도 있지 않았겠는가. 하지만 그렇지가 못했다. 그것은 내 탓도 있겠지만 아내의 탓도 있다. 아내의 집안은 원래 장사하던 집안이라 그런지 아내는 이재理財에 밝았다. 가난한 집으로 시집을 와서 한 2년간 고생을 하더니 남편에게만 맡기지 않고 자신도 돈을 벌어야겠다는 결심을 하고나서 수출용 아가들 손뜨개스웨터에 달리는 방울작업을 시작했다. 온 집안이 알록달록 방울들로 쌓여있었다. 아버지는 물레로 실을 감으시고 어머니도 가위로 실타래 잘라 방울 만드시고 아내는 이웃아주머니들이나 친척들에게 하청 주며 관리하며 어머님 아버님 도와주면서 어린 아들들 뒤치다꺼리하면서 그렇게 바쁘게 지내다가 방울작업이 뜸해지니 이제는 스웨터공장을 시작하여 사장노릇하며 나이 50대 중반까지 눈코 뜰 새 없이 바쁜 세월지낸 아내, 이리도 바쁘게 지낸 아내가 어찌 친구들을 만날 수 있었겠는가.

그러면 아내는 50대 중반부터는 친구들을 만날 수 있지 않았는가. 하지만 그도 아니었다. 그것 또한 내 탓이었다. 내가 낚시를 하도 좋아해서 고향근처 강변낚시터 근처에 강변 집을 마련하고 주말이면 낚시를 다니다보니 아내도 따라와 텃밭에서 채소며 밭곡식 기르는 방법을 터득하여 결국에는 반농사 꾼이 되었기 때문이다. 하지만 농장에 다니는 일은 그래도 주중 한 두 번이니 이제 나이 70 되고부터야 그나마 그 친구를 우연히 길거리에서 만나 몇 년 전 부터 그 친구와 우정을 나누게 된 것이다.

아내의 친구가 〈우리 병들지 말고 오래오래 살자고〉 말하더란다. 얼마나 듣기만 해도 흐뭇한 우정인가. 공장 운영하느라 반평생을 고생만 시키고 이제 늙어서는 농사일까지 부려먹는 못난 남편을 그래도 잘난 남편이라 여겨주는 아내에게 고마운 생각뿐이다.

딸기원

농장을 다녀오려면 딸기원이라는 버스정거장을 지나게 마련이다. 다른 생각에 잠겼다가도 버스자동녹음안내가 〈다음은 딸기원입니다〉하는 안내목소리를 들으면 언제나 눈앞에 떠오르는 얼굴이 있다. 지금은 나이도 40이 넘었으며 16살 된 아들과 13살 된 딸 남매를 둔 어머니로서 중년 부인의 티를 얼굴에 담고 있으나 언제나 내 눈에 나타나는 얼굴은 16살 때 우리 집으로 와서 6년간이라는 세월을 한 가족으로 보낼 때의 딸기 같은 뺨을 가진 명랑한 그때의 그 얼굴이다.

나에게는 아들만 넷이고 딸이 없다. 그래서 그런지 그 소녀를 딸처럼 생각했고 한집에서 살고 계시던 아버님과 어머님 두 분도 손자들과 별 차이 없이 대해주셨으며 나의 네 아들들과도 누나니 동생이니 부르며 남매처럼 스스럼없이 지냈던 것이다. 집안일을 하면서도 언제나 명랑했고 쾌활했다. 계모 밑에서 하도 무섭게 매를 맞고 학대를 받으며 지내다 더 이상 견딜 수가 없어 집을 뛰쳐나와 남의 집에 들어가 고생을 하던 중 나의 이종사촌여동생이 나의 어머님에게 몰래 빼돌려 우리식구가 된 그 소녀였는데도 눈물은커녕 항상 명랑한 목소리로 집안을 밝게 해 주어 기특하기도 했다, 그리고 아내가 공장을 운영할 때는 이 소녀도 처녀가 되어 아내의 착실한 비서노릇도 해준 것이다.

왜 이 딸기원을 지날 때마다 그때 그 소녀의 빨간 딸기 같은 두 뺨이 눈앞에 떠오를까. 그것은 다름 아니라 그때 그 소녀가 좋은 남편을 만나 시집을 가서 아들딸 낳고 잘 살고 있는 곳이 바로 이 딸기원 마을이기 때문이다.

그 소녀가 결혼할 때 식장에서는 우리내외가 친정부모자리에 앉아 있었음은 물론이고 나는 그 소녀 아비가 되어 소녀를 데리고 식장에 들어가 신랑에게 인계해 주었으며 그 후 첫 아들을 낳아 길러 돌잔치를 차려 우리내외를 초대하여 참석도 했던 것이다. 지금도 아무리 이해하려해도 이해 할 수 없는 그 소녀의 부모소행이다. 계모는 제쳐놓더라고 그 아비라는 자는 그럴 수가 있을까. 자기 딸인데 딸 결혼식에도 또 자기외손자 돌인데도 참석을 하지 않다니, 그리고 더 놀란 것은 외지로 나가 그 고생하며 지내던 그 딸이 성년이 되어 주민등록증 때문에 고향부모를 찾아갔건만 그때 그 계모는 물론 부친도 냉대를 하여 울고 온 후로는 다시는 찾아가지 않는다고 하니 세상에 그런 부모가 있단 말인가.

한 달 전 일이었다. 이제는 두 아이 어미가 된 그 유진이가 아들딸을 데리고 남편과 함께 나의 집을 방문했다. 아들은 벌써 어미 키보다 더 컸고 딸은 어찌도 그리 그 옛날 제 어미를 쏙 빼어 닮았는지 뺨까지 딸기처럼 발그스레했다. 올 때도 그냥 찾아주는 것만도 고마운데 그의 남편이 웬 큰 소꼬리 하나를 건네주며 〈아버지 어머니 고아잡수세요〉하고 말해주는 것이었다. 딸이 없는 내가 갑자기 딸도 사위도 생겨나고 외손주들이라도 생겨난 듯 마음이 무척이나 푸근했던 것이다. 어려서 그리도 고생하던 유진이가 이제는 삶이 보금자리를 저렇듯 잡을 수 있었던 힘은 아마도 그 명랑 쾌활한 성격과 맑은 웃음 때문이라는 생각이 든다.

오늘도 새벽에 아내와 함께 집을 나서 농장으로 내려간다. 딸기원 버스정거장을 지나야 농장을 갈 수 있고 농장일 끝내고 집으로 돌아올 때도 지나게 된다. 일주일에 2번씩 농장을 다녀오니 일주일에 4번을 나는 이 딸기원 정거장을 지나며 나의 딸 같은 유진이와 그의 가족들을 생각하며 부디 돈 많이 벌어 어려서 못 다한 행복 많이 누리라고 기원해준다.

3부

새벽시장

새벽시장

새벽시장은 새벽을 여는 상인들과 새벽을 구매하려는 시민들로 활기차다. 어제 내린 비로 시장바닥은 깨끗하게 씻겨있고 새벽하늘은 푸르고 높다. 어쩌면 부지런한 사람들 이리도 많을까. 시장으로 들어가는 입구부터 좌우상점과 가운데 좁은 길에는 이 새벽 발 디딜 틈도 없을 정도로 사람들이 북적인다. 시장에 들어서고 나서는 하늘은 쳐다볼 수도 없다. 줄지어 늘어선 좌우상점들의 좌판에는 동해바다 서해바다 남해바다 그리고 멀고먼 태평양, 대서양, 세계도처 바다에서 잡혀온 생선들로 채워져 바다냄새를 풍기고 있다.

아내는 비좁은 길을 사람들 틈새로 요리조리 잘도 헤쳐 나가며 단골가게 주인들을 찾아 이야기를 나누며 결국 참치 한 상자를 샀고 나는 비닐봉지에 싼 그 참치를 받아 나의 배낭에 넣어 짊어졌다. 아내는 또 채소를 사야한다며 앞질러 단골집을 찾아가면 나는 뒤따라 가볍지 않은 그 참치배낭을 메고 뒤따라간다. 그러니까 나는 오늘 내 아내의 하인노릇을 톡톡히 하고 있는 셈인 것이다. 그러나 조금도 언짢은 마음은 없고 오히려 다리가 시원치 않아 뒤뚱거리며 정신없이 돌아치는 아내를 도와주기 위하여 함께 와 준 것이 아주 잘했다는 생각이 든다.

오늘새벽 5시쯤 아내는 잠 속에 들어있는 나를 깨워 청량리시장을 다녀 올 테니 그리 알라 하는 것이었다. 아내가 요즘 퇴행성관절염으로 인하여 무릎과 허리가 아파서 병원과 한방에 다니며 물리치료와 침을 맞고 있는 걸 알고 있는 나는 펄쩍뛰며 다리가 그리 아픈데 어딜 가느냐 다음에 다리 낫거든 가라고 했다. 하지만 소용이 없었다. 아내의 고집을 꺾을 수 없어 여태껏 한 번도 아내를 따라 시장이라고는 별로 가 본 적이 없는 내가 주섬주섬 옷을 갈아입고 혼자 간다는 아내의 고집을 꺾고 따라나선 것이다.

아내는 내게로 시집을 와서 40년 동안 어머님을 따라 어머님의 단골집을 다녔고 어머님 돌아가신 후에도 아내는 그 단골집을 다니고 있는 것이다. 어머님과 같은 나이였던 어느 단골집 주인도 고인이 되었지만 그의 아들이나 며느리와도 아직 아내는 거래를 계속 이어오고 있는 것이다. 예전에 어머님이 며느리인 내 아내와 시장에 다니실 때는 이 시장이 그때 살던 전농동 집에서 가까웠지만 지금은 거리가 먼 이곳 상계동으로 이사해 살고 있는지도 20여년이 지났는데도, 바로 코앞에도 재래시장이 있고 마트나 백화점도 있고 가격차이도 별로 없는데 왜 그리 사서 고생을 하는지 남편인 나로서도 이해하기가 어려운 것이다.

아내는 손 구루마가방으로 가득 15킬로그램, 내가 짊어진 배낭에는 참치 20킬로그램, 그리 가볍지 않은 이 물건들을 전철을 한 번 갈아타고 집까지 아내는 끌고 나는 짊어지고 도착하니 아내나 나나 기진맥진, 잠시 쉬고 나서 네 아들네 집으로 전화를 걸어 참치들 갖다가 저녁때 먹으라는 아내. 그 전화소리를 듣고 나는 생각했다. 아! 모성애라는 것이 저리도 위대한 것이로구나. 자신의 고달픔은 전연 모르고 그저 자식사랑 밖에는 모르는구나. 우리 어머님이 우리들에게 내려주신 사랑처럼.

석가탄신일은 나 혼자만 보내더니

오늘은 석가탄신일이다. 매년 이날이 오면 집에서는 나 혼자 온종일 지내고는 했다. 어머님이 살아계실 때도 그랬고 어머님이 돌아가신 후에도 그랬다. 왜냐하면 어머님은 해마다 석가탄신일이면 며느리를 데리고 정토사로 불공을 드리러 가시곤 하셨고 어머님 돌아가신 후에도 아내는 혼자서 그 절에 가서 하루를 보내고 오후 5시쯤 해서야 절 떡을 가져와 내밀어주고는 했다. 그 절에는 큰스님이 계셨는데 작년에 입적하셨고 살아생전 덕망이 높으시어 모든 신도들에게서 존경을 받으셨으며 나와도 인연이 깊으시어 지금도 내 사무실과 집 거실 벽에는 큰스님이 손수 써 주신 3개의 액자 속 글씨들이 나를 내려다보고 있다.

그런데 오늘이 바로 그 석가탄신일인데 처음으로 아내는 절에 못가고 나와 함께 집에 머물러 있다. 어머님과 아내가 다니는 정토사는 높은 산 중턱에 자리하고 있어 아내는 이제는 힘이 들어 더 이상 그 절에 오르지 못하겠다고 한다. 무릎이 퇴행성관절염으로 통증을 일으켜 도저히 그 높은 곳을 오르내릴 용기도 없거니와 이제 나이도 70이나 되었고 더구나 큰스님도 입적하셨기에 집근처 어느 절을 택하여 다니겠다고 아내는 결심을 한 것이다. 그래 어제도 지난날 아내가 운영하던 공장에서 반장하던 어느 분이 신도회장으로 있다는 말을 듣고 수락산 자락 어느 절을 찾아 헤매다가 못 찾고 돌아 왔다는 것이다.

그러나 아내는 절에는 못 갔지만 아침부터 티브이불교방송을 틀어놓고 앉아 조계사에서 열리고 있는 부처님오신 날 봉축행사에 참례하고 있는 것이다. 그곳에 모인 신도들과 똑같이 합장을 하며 찬불가도 부르며 반야심경도 외우며 경건한 마음으로 예불에 참여하고 있다. 하지만 어딘지 모르게 아내의 얼굴표정에는 절에 못간 것이 서운한 것 같다. 이젠 나이 70이 되니 절에도 못 가게 되는구나 하고 마음이 언짢은 것 같아 보인다.

그래서 나는 마침 오늘 아침 조간신문에 문수산 중턱 금봉암의 고우스님에 관한 기사를 건네주며 읽어보고 마음을 편히 하라고 했다. 아내는 돋보기를 쓰고 진지하게 읽어 보고나서 무엇인가를 깨달은 것같아 보였다. 그래 나는 한마디 더 건네주기를 〈당신도 40년간 절에 다녔으니 이제 큰스님 된 거 아니겠소〉.

조간신문 기자가 말하는 고우스님의 금봉암에는 부처님오신 날이 코앞이었지만 연등하나 걸려있지 않았으며 제사도 기도불경도 연등접수도 받지 않았다고 한다. 고우스님은 형식을 통해 본질을 향할 수도 있지만 바로 본질로 들어가라는 가르침이었다. 거창

한 법회도 없단다. 대신 고우스님은 여기저기서 찾아오는 신도들에게 차를 건네며 이야기를 나누며 〈법문이 따로 있나 이게 법문이지〉라고 한단다. 그리고 이 스님은 상좌의 서봉도 받지 않을 만큼 형식과 권위를 거부하며 한국불교가 손가락에 뽑는 대표적 선지식禪知識이라 한다.

요즈음 불교는 그야말로 번성기를 맞은듯하다. 도심거리에도 시골길에도 절 부근에도 예쁜 오색연등이 곳곳에 걸려 5월의 봄바람에 물결치고 있다. 티브이에서도 연등행사현장을 대대적으로 시청자들에게 보여주어 마치 신라시대 불교전성기로 되돌아간 것도 같다. 하기야 불교는 조선시대에는 유교에 밀려 법난을 당했고 6·25전쟁 이후에는 서양문물의 급물살로 개신교에 밀려 숨을 못 쉬다가 요즈음에 와서야 그 활기를 되찾는 것 같다. 하지만 이럴 때일수록 지나친 형식으로 몸집불리기보다는 고우스님의 본질 찾기 가르침도 절충 되어야 하지 않을까도 생각해본다.

아들과의 포옹

셋째아들이 전화를 했는데 어제아침 서울에 도착했지만 바이어와 함께 호텔에서 본사 전무님과 상담하다 늦어 호텔에서 자고 내일 늦은 저녁에나 집에 와서 잠을 자고 모래아침 9시에 또 독일로 돌아간다는 아내의 전갈이었다.

그래 아내는 어제 아침 아들의 그 전화를 받은 후부터 내일 하룻밤자고 모래아침 떠날 아들 편에 들려 보내줄 물건들 준비하려고 가뜩이나 시원치 않은 몸을 끌고 시장에 나가 밑반찬거리와 배추 그리고 달랑 무를 사다가 부랴부랴 김치를 담그고 준비한 물건들 보따리 싸느라 정신이 없다.

아들네식구가 독일에가 살면서 이따금 아들이 업무 차 본사로 출장을 올 때면 아내는 그곳에가 사는 며느리와 손자와 손녀딸 생각해서 치루는 행사인 것이다,

그런데 저녁때 온다던 아들은 저녁시간이 다 되어 가는데도 나타나지 않는다. 아내는 오랜만에 먼 곳 독일에서 오는 아들과 저녁식사라도 함께하려 아들이 좋아하는 음식들을 차려놓고 저리도 현관문만 쳐다보며 기다리는데 나타나지를 않는다.

우리 두 내외 저녁8시까지 기다리다가 식사를 하고난 9시에야 아들로부터 전화가 왔다. 거래선 바이어와 중요한 계약을 채결하느라 밤2시에나 끝난다고 말하면서 바이어와 본사 전무가 너무 늦었으니 호텔에서 자고 내일 아침 독일지사로 곧장 떠나라하는데 오랜만에 한국에 왔는데 부모님 얼굴이라도 뵙고 가야하겠다고 해서 집에는 새벽 3시에 도착하니 주무시고 계시라는 전화였다.

그제야 아들이 참 살아가느라 고생이 많구나 하는 생각이 들었다. 갑자기 지난날 아내가 어느 점술가한테 가서 아들의 운세를 물었더니 아들 넷 중에서 이 셋째 아들은 부모슬하에서 살지 않고 멀리 떨어져 살 팔자를 타고 났다고 하던 그 말이 생각난다. 그때 그 말을 들을 때는 듣는 둥 마는 둥 했지만 이제 아들의 지나오는 과정을 돌이켜보니 그다지 틀린 말도 아닌 것 같다. 대학까지만 부모 밑에서 졸업을 했지만 졸업한 그해 소련으로가 모스크바대학과 레닌그라드대학을 3년이나 다녔고 또 지금 이 회사직원으로 독일주재유럽관할사무소 대표로 전 유럽나라들을 제집처럼 드나들어 비행기가 사무실 역할을 하고 있으니 그 점술가 말이 맞기도 하다는 생각이 드는 것이다.

그러나 나는 아들이 어서 정리를 하고 가족들 데리고 내 집근처로 와서 다른 세 아들네처럼 오순도순 살았으면 좋겠다. 아들은 그 먼 독일에서 돌아와 하루도 쉬지 못하고 온종일 상담을 하며 새벽2시까지 일하다가 또 꼭두새벽 집까지 와서 몇 시간 눈 붙일 시간도 없이 아침7시에 비행장으로 떠나야 하는데 얼마나 고단하고 힘들며 어미 되는 아내는 또 자식을 위하는 깊은 모성애로 저리도 안절부절못하고 있고 또한 독일 집에서 기다리는 며느리와 손주들은 어찌 걱정들이 없겠는가. 아무리 글로벌시대라 하더라도 셋째아들네도 빨리 내 곁으로 와서 함께 살았으면 좋겠다.

새벽2시경까지 티브이보다 잠자리에 누었다하며 잠 못 이루던 아내가 현관문 열고 밖으로 나간다. 아내는 밖에 나가 보도에서 아들을 기다리려 나가는 것이다. 나도 잠 못 이루다가 마루로 나와 티브이를 켜고 시청하면서 현관문소리에도 귀 기울여가며 아들을 기다린다.

드디어 계단 오르는 소리가 들리더니 현관문을 열고 아들이 들어오고 뒤따라 아내가 들어온다. 나는 벌떡 자리에서 일어나 아들을 향해 팔을 벌렸다. 아들도 제 가슴에 아비가슴을 대고 포옹을 한다. 나는 아들에게 고생 많구나하고 등을 뚜드려준다. 옆에서 바라보고 서있는 아내를 아들에게 가리키며 네 엄마에게도 안겨보려무나 했더니 아들이 제 엄마를 포옹해주니 제 엄마는 〈아이 따뜻해라〉하며 좋아한다. 이로써 기다림에 지쳤던 우리 모두의 피로는 말끔히 씻겨 날아가 버린 것이다.

독일아들네 집 테라스

인류가 살고 있는 지구를 지구촌이라 부르고 이 시대 또한 글로벌시대라 부르니 셋째아들네 식구가 독일에 가서 살고 있는 것도 시대의 조류에 응하고 있다고 말할 수는 있겠으나 아내가 그곳 며느리에게 보낸 들깨 씨와 상추씨가 그곳 아들네 집 테라스 화분들에 심겨져 자라나 식탁에 올라 나이어린 손녀와 손자에게까지 사랑을 받고 있다니 참으로 신기하고도 기쁜 일이 아닐 수 없고 이야말로 과연 사람들뿐 아니라 식물들까지도 글로벌시대를 맞았구나하고 생각하게 한다.

아들네 식구가 살고 있는 독일 프랑크푸르트 가옥주변은 수목이 울창하고 환경보전이 잘되어 있어 푸른 채소는 어디서나 쉽게 구할 수 있겠으나 고국에서 그것도 시어머니가 보내준 채소 씨를 자세히 써 보낸 설명서대로 심고 물주며 가꾸다가 파란 싹들이 흙을 비집고 돋아나 자라는 것을 조석으로 드려다 보며 어린 손녀손자가 이건 뭐야 이건 뭐야 물어보며 크게 자란 걸로 똑따서 쌈까지 싸먹는다니 참 듣기만 해도 가슴 뿌듯한 일이다. 더욱이 나이 어린 손녀와 손자도 씨앗을 보내준 할머니를 더욱 사랑할 것이고 시어미와 며느리간의 고부지정姑婦之情도 좀 더 깊어질 게 아니겠는가.

그나저나 아내는 어떻게 독일 사는 며느리에게 채소 씨까지 보낼 생각을 했을까 궁금해진다. 요사이같이 모두들 바쁘게들 살아가느라 정신들 못 차리는 물질문명만능시대에 돈 몇 푼 주면 그곳 독일 한국 식품점에서도 얼마든지 쉽게 구입할 수 있는 채소들이라 하던데 어떻게 씨앗들을 보내 테라스에서 심어 기르게 했단 말인가. 그리고 요즘 웬만한 며느리들은 설사 시어미가 씨앗을 보냈다 하더라도 그냥 한구석에 던져놓고 신경도 쓰지 않는 세태라 하던데 어떻게 우리 며느리는 대 여섯 개나 되는 화분들을 사서 또 어렵게 흙을 구해 심어 길렀단 말인가. 이거야말로 고부간의 이심전심 아름다운 결실이 아닌가.

하도 궁금하던 차에 아내가 마침 옆에 왔기에 물어본다.

〈당신 독일며느리에게 어떻게 채소씨앗 보낼 생각을 했어?〉

〈뭘 어떻게 보내요. 우리 집 테라스텃밭에 심고 남은 씨앗 보냈지요〉

너무나 무뚝뚝한 대답이었다.

아내는 이제 이미 반 농사꾼이 되었다. 원래 서울토박이출신이라 농사일은 하나도 모르던 터였는데 15년 전 부터 나를 따라 시골농장에 주말마다 다니다보니 이제는 웬만한 밭곡식과 채소 기르는 데는 일가견을 이루었고 그러다보니 서울 집 5층 테라스에도 텃밭을 3군데나 만들어 웬만한 채소는 자급자족을 하고 있는지라 며느리가 살고 있는 아들네 주택테라스에 햇볕이 잘 들고 제법 넓다는 말을 듣고 씨앗을 보내주었던 것이다. 농사꾼인 자연인이 된 아내가 자연을 사랑하여 그 씨앗들조차 버리기 안쓰러워 독일아들네 테라스로 가서 잘들 살라 보내주었던 것이다. 자연을 사랑하며 가꾸는 만큼 자연은 그 보답을 준다는 진리를 아내는 이미 알게 모르게 터득한 것이다.

오늘저녁이고 내일이고 전화가 오면 손녀와 손자에게 꼭 물어봐야겠다. 할머니가 보내준 들깨와 상추 잘 자라느냐고 그리고 맛있느냐고.

생일유감生日有感

둘째아들 생일날이라 큰아들네 식구들과 함께 생일 집에 들어서니 4돌 지난 손자 놈이 품에 안겨든다. 손자 놈을 안고 창가로 가서 밖을 내다본다. 1층인지라 창밖에는 느티나무 한 그루가 서 있고 그 옆으로는 산수유나무 서너 그루가 서서 아파트 거실을 들여다보며 시원한 바람기를 들여보내준다. 그 나무들 밑에는 잔디로 깔려있고 듬성듬성 잡초들이 자라 오르고 있었는데 나의 품에 안겨있던 손자 놈이 〈할아버지 무당벌레요〉한다. 〈어디〉 하며 놈을 내려놓으니 창밖의 한곳을 가리키는데 정말로 그곳에는 무당벌레 한 마리가 웅크리고 있었다. 주황빛 몸에다 까만 줄무늬의 무당벌레가 꼼짝도 않고 비교적 넓은 잡초 잎 위에서 손자 눈에 띄워준 것이다. 오래된 아파트단지라 고층도 아니고 여유로운 아파트간의 공간이 녹지로 가꾸어져 있어 제법 공기도 산뜻하고 꼭 내 농장 숲속에 들어있는 것 같다.

곧이어 막내네 4식구도 왁자지껄 떠들며 현관문을 열고 들어들섰다. 곧 상은 차려졌고 모두들 앉아 생일축하노래도 부르고 술잔도 오가며 음식을 들기 시작했다. 다들 모였는데 독일에 가서 살고 있는 셋째아들네만 빠졌다. 섭섭하지만 어쩌겠는가. 아들 넷 중 하나만 못 온 것도 다행이라 할 수 있는 것이 요즈음 세상인데 이렇게 네 아들네 식구 중 세 아들네 식구들이라도 함께 만난다는 것도 그리 쉬운 일이 아니니 말이다. 나의 할아버님할머님 때만 하더라도 한 솥에 8촌이 함께 한 지붕 밑에서 사신 적도 있고 그리고 내경우만 하더라도 어머님 돌아가시기 전인 6년 전까지만 하더라도 한집에서 4대가 함께 살았는데 이제는 네 아들 다들 나가 살아 집에는 우리 두 내외만 살게 된 세상이 되어버려 이렇게 생일날 아니면 만나기도 힘들게 되었으니 어쩌겠는가.

그래서 우리 두 내외는 자식들 생일날을 기다리게 된다. 새해 아침에는 새해 달력에다 식구들 생일에 동그라미를 그려 넣는다. 이제 어느새 내 나이 70이 되니 나의 직계만 하더라도 우리내외를 포함해 17명이나 된다. 그중 어느 누구는 하루걸러 생일인 경우도 있고 생일이 같은 손자 놈도 있다. 이 손자 놈들 돌도 그래서 한 놈을 당겨서 돌 차치를 치러준 것이다. 하필이면 같은 날 태어날 게 뭐람 하면서 우리내외가 그래도 행복에 겨워 손님들과 한바탕 웃어 제치던 일이 생각난다. 하여간에 식구가 17명이니 서로 만날 날이 1년에 17번인 것이니 이 또한 적은수자가 아닌 것이 분명하고 그뿐만 아니라 나의 형제자매들과 아내의 형제자매들까지 합치면 생일날 왕래하는 일도 경제적으로나 시간적으로나 그리 쉬운 일은 결코 아닌 것이기도 하다.

그러나 그것이 설사 쉬운 일이 아니라고 해서 서로간의 왕래와 생일축하모임을 그만둔다면 무슨 재미로 살아갈 것인가. 가뜩이나 세상이 각박한 물질문명에 휘감겨 인간 탄생의 위대한 섭리조차 하나의 기계조립화로 착각하여가는 심각한 인정, 윤리의 삭막화索莫化에서 생일축하자리조차 외면하여 버린다면 도대체 인생살이의 따뜻한 의미는 그 어디서 찾는다는 말인가.

손자손녀들이 재롱부린다. 서로 싸우고 울고불고 야단들이다. 그러다가 또 서로 사촌지간이라는 걸 아는지 언제 싸웠느냐는 듯 잘도 논다. 벌써 중년된 아들들도 이야기 나누며 파안대소한다. 며느리들도 한상 따로 차린 상 앞에 둘러앉아 이야기꽃을 피운다. 그들을 바라보는 우리 두 내외 가슴은 따뜻하다. 아마도 이 따뜻한 것이 행복이라는 보이지 않는 보석인가 보다. 아무리 비싼 황금으로도 바꿀 수없는 그런 보석 말이다.

애호박 선물

아내와 아침식사를 하고 있는데 4층사무실에 출근한 막내아들이 웬 애호박 하나를 봉지에 넣어들고 올라와 꺼내어 제 어미에게 건네준다.

〈웬 애호박이냐 동그란 게 아주 예쁘게도 생겼구나.〉하고 아내가 물어보니

〈엊저녁 처가에 갔더니 장인께서 옥상에서 길러 수확한 거라며 주신 거예요.〉하고 막내아들이 대답한다. 모자지간의 대화를 듣고 있던 내가 옆에서 거들었다.

〈아니 내가 주말농장에 내려가 농사를 지으니 큰며느리 친정아버지도 농사를 지으신다고 그러드니 네 장인도 농사꾼이 되셨느냐〉 했다.

그렇다. 나이 들어 자연으로 돌아가 자연과 함께 숨 쉴 수 있다

는 것은 행복한 일이다. 사람이란 지수화풍地水火風 인연에 따라 태어났다가 다시 흙과 물과 열과 바람으로 돌아간다 하지 않던가. 그러니 서서히 미리 가서 인생의 값진 졸업 공부하는 것도 복이 아니겠는가 하고 스스로 잠시 생각에 잠긴다.

아내가 식사를 하다말고 막내아들이 건네준 애호박을 손에 들고 요리조리 돌려보며 예쁘게도 생겼다고 연상 감탄을 하는 걸 나 또한 아내가 건네준 그 호박을 받아들고 들여다본다. 연초록바탕에 진초록 줄무늬로 단장한 애호박얼굴이 아가들 웃음처럼 싱그럽고 향기롭다. 문득 10여 년 전 아내가 농사를 시작할 때 처음으로 호박넝쿨에서 아내가 따들고 오던 그 애호박과 그때 아내의 그 좋아하던 화안한 웃음이 생각난다. 그리고 그때 적어놓았던 시 한 수도 생각난다.

애호박

선머슴처럼 호박넝쿨 막대기로
이리저리 제쳐

애호박하나 따들고 그리 좋아
화안하게 웃으며 걸어오는 아내여

오늘저녁 유별나게
주름하나 안 보이는 것은

저 강물 위 불타는 노을 때문인가요
처음 거두어보는 기쁨 때문인가요

세월은 어찌 그리도 빨리 흘러갔는가. 그때 주말농사 짓기 시작한 이래 10년이라는 세월이, 강산도 변한다는 그 세월이 어느새 지나가 버렸는가. 하지만 또 얼마나 짧은 세월이기도 한 것인가. 생각해보면 10년이라야 봄을 10번 맞은 것이니 그 10번 봄마다 아내는 채소와 감자 고구마며 강낭콩과 옥수수를 심어 길렀고 물론 때맞추어 애호박을 메고 와 자식들과 형제들에게 나누어주고는 했지만 숫자상으로 10번의 봄은 얼마나 짧은 것인가 하고도 생각된다.

오늘도 농장에서는 아내가 심어놓은 호박넝쿨에서 애호박들이 자라고 있을 것이다. 오늘로 7일째 연이은 장마에다가 기상이변의 호우로 농장을 내려가지 못하니 궁금하기 짝이 없다. 관리인 전 노인도 며칠 전 병환으로 입원중이라 전화로 알아볼 수 도 없고. 하지만 다행히도 기상예보가 내일부터는 날이 갠다고 하니 내일은 새벽부터 서둘러 내려가 봐야겠다.

고추무당

한동안 잠잠해 잊고 있었던 아내의 고추무당 병이 되살아났다. 붉은 고추가 평온하던 집안을 온통 정신없이 휘몰아친다. 아내는 드디어 고추무당 신에 들려 옥상으로, 방 안으로, 베란다로, 테라스 밖으로 고추를 모시고 바람에 말리려, 햇볕에 말리려 들락날락거리고 혹여나 비가 오면 어쩌나 하늘만 쳐다보다가 빗방울이라도 떨어지면 다시 들여오고 또 저녁나절이면 밤이슬 맞을까 다시 들여놓고 고추들이 곯을까 전전긍긍하는 아내의 모습, 옆에서 지켜보는 나마져 정신을 잃게 한다. 졸시 고추무당을 들여다본다.

고추무당

내림굿도 하지 않은 아내
고추무당 되였네

날 좋은 날이면 베란다 밖으로 옥상으로
신수 모시 듯 고추 모시고 나가

햇볕주소서 바람주소서
고추무당 되어 싹싹 빌고

비 오는 날이면 마루며 아랫목에 선풍기 틀고
신주 모시 듯 고추 모시고 들어와

바람 쬐소서 얼른 말리소서
고추무당 되어 싹싹 빌고

선무당 사람 잡는다더니
고추무당 사람 혼 다 빼어가네

금년 만큼은 아내도 고추무당신세 면하고 나또한 고추무당에 혼 빼기는 일이 없으려니 했다. 왜냐하면 농장관리인 전 노인이 80나이에 갑자기 병원에 입원하여 그가 심어놓은 고추모종은 거의 다 쓰러지고 비료도 주지 않아 죽어가던걸 아내와 내가 고춧대를 구해 세우고 또 줄도 묶어주고 정성을 쏟아주면서도 풋내기 농사꾼의 실력으로 과연 다만 얼마라도 건질 수가 있을까 하고 기대조차 하지 않았는데 이게 웬일인가! 긴 장마도 버텨낸 고추들이 제법 열려주어 그간 벌써 두 번째나 아내와 내가 배낭 가득 집으로 옮겨오게 된 것이다.

빨간 고추들이 집안을 차지한 것이 우리내외의 노력으로 일군 것이라 대견스럽게도 보이지만 문제는 아내가 바빠지는 것이고 아내의 무릎관절이 퇴행성으로 판정되었으며 심한통증을 일으키고 있다는 점이다. 작년에는 건강하여 옥상에 오르내리며 그곳에 마련한 조그만 비닐하우스에서도 말리기전에 쪼개고 말리는 작업도 할 수 있었는데 이제는 그것이 힘들어진 것이다. 그렇다고 아내에게 올라가지 말라고 해서 고추무당이 된 아내가 내말을 들어줄 리가 없는 것이다.

결국 곰곰이 생각한 결과 아내가 고추무당으로부터 해방될 수 있도록 테라스에 비닐하우스를 만들어주기로 했다. 그래서 밤이슬에도 비가 오는 날에도 아무 걱정 없이 농장에서 따오는 대로 그 속에서 말려 방앗간으로 갈 수 있도록 말이다. 마침 테라스의 간이정자에는 이미 오이철도 끝나 오이넝쿨을 걷어내니 천정에는 가느다란 목재들이 햇볕도 가리지 않을 정도로 세로로 걸쳐있어 커다란 비닐을 사다가 덮어주니 간이정자 마루는 우리 두 내외 고추농사물량은 충분히 소화할 수 있는 장소가 되었다.

이리하여 나는 이제 내 아내를 고추무당으로부터 해방시켜주었으며 나의 낮잠도 고추무당으로부터 해방 되여 맘 내키는 대로 즐길 수 있게 되었다.

복숭아

티브이를 보면서 복숭아를 먹는다. 주머니칼로 껍질을 벗겨가며 벌레들이 먹던 자리를 도려내가며 먹는데 맛이 없다. 복숭아 맛인지 설익은 오이 맛인지 정말로 맛이 없고 향은 그런대로 그저 복숭아려니 생각해서 그런지 조금 풍기는 것도 같다. 버리자니 아깝고 먹자니 맛이 없고 이거야말로 마치 그 옛날 중국 삼국시대 조조로부터 나온 고사성어 계륵과도 비슷한 입장이다. 조조는 영특한 양수의 목을 쳐서 해결했지만 나는 어떻게 해결할 수 있는 것일까. 결국 나는 저 김치냉장고 대부분의 공간을 염치없이 차지하고 있는 복숭아들을 다 꺼내서 벌레 먹은 자리를 도려내고 술독에다 처넣고 담금 주를 사다가 퍼부어 복숭아술을 담그는 수밖에는 없겠구나.

저 김치 냉장고에 넣어둔 복숭아 말고도 자식들에게 나누어주며 손자손녀들과 함께 먹으라고 했더니 다들 도로 가져온 복숭아들이 더 많았었다. 칼로 쪼개어보고 벌레가 나오는걸 보고 기겁을 해 도로 가져온 것이다. 칼로 도려내 먹으면 좋으련만 요즈음 젊은이나 아이들은 그런 걸 모른다. 사실 인즉 이 복사나무들은 농약 한 번도 주지 않아 벌레들도 그걸 알고 들어가 있는 거라 사람 몸에도 농약 준 복숭아보다는 더 좋을 텐데 말이다. 그래 결국 자식들이 도로 가져온 그 복숭아들을 나는 아내와 둘이서 칼로 벌레 안 먹은 자리를 말끔히 도려내 설탕을 넣고 끓여 복숭아 잼을 만들어 자식들과 친지들에게 나누어 주었더니 그제야 다들 맛있다고 좋아들 했던 것이다. 그러니 이제 남은 복숭아문제는 저 김치냉장고를 차지하고 있는 복숭아들을 꺼내 이제 술독에 넣으면 종결이 나는 것이다.

작년만 해도 복숭아 수확은 괜찮았다. 주먹 만한 것들이 8월초가 되면 발그레 빛깔을 띄우고 다들 맛있게들 들었다. 그런데 금년에는 과수들과 밭작물들을 관리해주던 전 노인이 갑자기 병원에 입원하고 나서 비료도 못주고 병충해 약도 주지 못해 이 백도 복숭아나무들이 야생 산 복숭아 나무들로 변했는지 벌레들로 들끓고 또 산복숭아가 몸에 좋다는 소문 때문에 이 백도복숭아나무를 산복사나무로 알고 지켜주던 전 노인도 없어 다들 따 가기에 나도 며칠 전 농장에 내려가 모조리 다 따오게 된 것이다. 이제와 생각하니 차라리 그냥 두어 다른 사람들이 다 따가거나 벌레들이 포식하게 놓아둘 걸. 그리 했다면 이 복숭아 처치곤란 때문에 우리내외 이리 힘들어 하지는 않았을텐데 하는 생각도 드는 것이다.

그러나 말이 그렇지 내가 얼마나 애쓰고 기른 복숭나무들인가.

묘목을 사다 심은 지 벌써 6년, 그간 또 얼마나 이 복숭아나무 9그루는 봄이 되면 그 화사한 연분홍 꽃으로 나를 기쁘게 해주었던가. 내 아끼는 복숭아나무들이 열려준 열매들을 어떻게 나 몰라라 내팽개칠 수 있겠는가. 단지 경험부족으로 그 열매들을 미리 솎아주고 필요한 비료들과 벌레퇴치 예방을 해주지 못한 것이 미안할 뿐인 것이다.

봄에 피는 복숭아꽃도 아름답지만 8월초쯤 발그레 익어가는 복숭아들은 더욱 탐스럽고 보기에 좋다. 그리고 나에게는 아버지와의 복숭아에 대한 그리운 추억들이 있다. 그 옛날 6.25전쟁 당시 고향으로 피난을 가서 아버님은 고향집 뒷산 너머 중미산기슭 다래넝쿨 속 바위굴에 숨어계실 때 고향집 디딜방앗간 뒤곁에 서 있는 복숭아나무에서 주먹 만한 복숭아 몇 개를 따서 지개에 다른 음식들과 함께 짊어지고 나무하는 척 올라가 전해드렸을 때 화안하게 웃으시며 잡수시던 그때의 아버님 모습과 그 후 강변 집 문 앞에서 자라던 복숭아 나무에서 역시 주먹보다 더 큰 복숭아를 따시어 새벽강가로 낚시 떠나는 이 아들에게 건네주시며 웃어주시던 그 화안한 자애로우신 모습이 지금도 눈에 선한 것이다. 그래서 아버님 그때 그 모습 그리워 이곳 농장에도 이 복숭아나무들을 심게 된 것이다.

그렇다. 모든 것이 내 잘못이다. 내 그 누구를 탓하랴. 내년부터는 나 혼자서라도 이 복숭아 나무들에게 정성을 들여 봐야 하겠다. 그리고 그간 한 번도 해주지 않았던 봉투도 씌워주기로 하자. 얼마나 크고 예쁜 복숭아 얼굴들이 생겨날는지 생각만 해도 가슴이 설렌다.

고추잠자리

며칠 전 신문에서 보았는데 이달, 그러니까 정확히 9월부터 서울에서 고추잠자리 잡다가 단속반에 걸리면 과태료 일백만 원을 내야한다고 한다. 고추잠자리가 서울시 보호야생동식물중 하나로 지정되었기 때문이란다.

서울 전역의 습지가 줄다보니 고추잠자리 개체수가 줄어가기에 보호가 필요해서 그렇게 지정했다고 한다. 색깔이 빨간 고추를 닮은 고추잠자리가 그렇게도 귀하신 몸이 될 줄이야 그 누구인들 상상인들 했겠는가.

불연 듯 우리 집 옥상에 날아들던 고추잠자리들 생각이 난다. 이맘때 고추를 쪼개어 옥상에 널어놓으면 어김없이 떼 지어 날아와 공중에서 빙빙 돌며 내려다보던 그 고추잠자리들이 눈앞에서 아른거린다. 마음 같아서는 당장 뛰어올라가 그 귀한 고추잠자리들을 보고 싶지만 금년에는 아직은 옥상에까지 말릴 고추가 없어 널어놓은 고추가 없으니 올라가 봐야 볼 수가 없다. 하지만 내일 또 농장에 내려가 붉은 고추를 따오기로 아내와 예정이 되어있으니 테라스만으로는 좁아 옥상에도 말려야 할 테니 모래부터는 나도 그 귀한 고추잠자리를 볼 수 있을 것이다. 졸시拙詩가 생각나 옮겨본다.

고추잠자리

이 아침 옥상에 올라
빨간 고추 쪼개어
햇볕에 너는데

쪼개진 고추들 노란 탯줄에
씨앗들 내 놓은 체
해탈의 경지에 들어섰는데

빨간 고추잠자리 댓 마리
어찌 알고 이 옥상까지
날아와 맴도는가

건너편아파트
잔디 위 아이들과 놀던
저 고추잠자리들에게

바람이 조문하라 일렀나

저 파란 가을 하늘 흰 구름이
축도하라 일렀나

우리나라에는 잠자리 종류도 많아 고추잠자리를 비롯하여 대모잠자리, 넉점박이잠자리, 밀잠자리 등 150여 종이나 된다 하며 이 잠자리가 지구상에 나타난 역사만 해도 2억5천만 년 전의 고생대상부석탄기古生代上部石炭紀부터 잠자리형의 화석곤충이 알려져 있다고 하니 한낱 미물로만 여기고 어려서부터 잡으러 다니며 놀던 일이 나이든 지금에는 이 위대한 우주의 섭리에 새삼 놀라울 뿐이다. 수억만 년을 내려온 자연의 섭리 속에서 겸허해야 할 인간들은 왜 파괴하려고만 하는가. 서울시는 고추잠자리 뿐 아니라 서울시의 다른 모든 잠자리들도 함께 공생토록 하면 어떨까 하는 생각이 든다.

추억 속의 참새

책을 읽다가 피로해진 눈을 쉬려고 창밖을 내다본다. 아파트 숲 사이로 바라보이는 불암산 중턱의 4월 산 색이 아직은 봄의 색을 펼치지 못하고 있다. 이때 참새가족이 하나둘 테라스담장위에 날아와 앉아 재재거리기 시작하더니 몇 마리씩 순서대로 화단과 텃밭으로 흩어져 내려앉아 먹이를 쪼아대기 시작한다. 참새들 또한 그 산뜻한 날개와 몸 털, 그리고 하얀 목덜미털이 겨우내 쪼인 매연에 쪼그라들었는지 윤기란 찾아볼 수없이 초라하기만 하다. 하기야 이 도심에 사는 참새들이 겨우내 뭘 풍족하게 먹어 몸에 윤기가 번드레 날 수가 있겠는가. 비록 모습들은 꾀죄죄하지만 저 참새들은 나의 이웃사촌이기도 하고 한가족이기도 하다.

어머님 살아계실 때부터 저 화단의 앉은뱅이 소나무 밑에 놓인 맷돌위에 어머님은 이따금 곡식낟알을 놓아주셨고 어머님 돌아가신 후에는 아내가 그 일을 이어주고 있는 것이다. 그뿐 아니라 이 테라스에는 화단 하나와 자그마한 텃밭이 4개나 있어 참새가 좋아하는 먹이가 흙 밑이나 채소나 나뭇잎들에도 있으니 저렇게 하루에도 몇 번이고 몰려와 무엇인가를 쪼아대고 있는 것이다. 저들끼리 재재거리며 먹이를 쪼아대는 참새들을 내다보고 있으려니 불현 듯 그 옛날 참새들에 대한 추억들이 되살아난다.

내 나이 9살쯤 되었을 때 시골에 사는 사촌형이 방학을 맞아 서울 내 집으로 놀러왔다. 그 당시만 하더라도 티브이나 장난감이 없어 집에서 가까운 동대문 거리로 나가 오가는 자동차들이나 세어가며 놀까하다가 마침 집안의 조그만 마당에 참새들이 몰려와 종종거리고 있는 걸 보고 사촌형과 나는 참새를 잡기로 했다. 나보다 3살 많은 사촌형은 시골에서 참새를 동네 친구들과 많이 잡아보았다고 자랑을 하며 부엌에서 바구니 하나와 막대기 하나 그리고 긴 줄과 보리쌀 한줌을 가지고 나오더니 마당 한편에 보리쌀 조금 뿌려 놓고 그 위에 바구니로 덮고 참새 들어갈 만큼 틈새를 막대로 받혀주고 그 막대중간에 긴 끈을 매고 그 줄 끝을 잡고 사촌형과 나는 마루위로 올라와 참새들 오기를 기다렸다. 그래 결국 사촌형과 나는 한나절이나 걸려 참새 한 마리를 잡아 그리도 좋아했으며 나는 그 참새다리에 줄을 매달고 먹이를 주며 기르기 시작했지만 3일 만에 참새는 저세상으로 가 버려 어린 내 눈에 불쌍한 생각으로 눈물까지 쏟게 했던 것이다.

어렸던 그때는 죽은 참새가 불쌍해 눈물까지 흘린 내가 지난 장년시절에는 참새고기를 술안주로 많이도 들었다. 그때만 하더라도 항간에는 〈참새가 소등어리에 올라앉아 소를 보고 빈정대기를 소야! 네 등치는 크지만 고기 맛은 네 고기10근이 내 고기 한 점 보다 못 하단다〉라는 말이 유행이 되다시피 참새고기가 주객들에게는 대인기를 누리고 있었다. 그 당시에는 길거리 포장마차에서는 참새고기안주를 많이도 팔았다. 한창 추운 날 길거리에는 눈이 쌓이고 눈바람이 무섭게 불어 닥칠 때면 버스를 기다리던 동료들과 바로 옆 포장마차 집으로 들어가 이 참새고기를 안주로 하여 몸들을 풀고는 했던 것이다.

그러나 그 후 이상하게도 참새구이 파는 포장마차들이 사라져 버렸다. 아마도 사람들이 너무 포획을 해서인가 아니면 그 후 농촌 초가들이 다 양철이나 기와집으로 변하여 참새들 알 낳을 장소도 사라졌고 더욱이 농약의 과도한 사용으로 참새들 먹이인 곤충들도 부족하게 되어 그런지 지금의 농촌에서는 오히려 서울보다도 참새를 보기 힘든다고들 한다. 이제는 그 시절 보다는 사는데 힘이 덜 들게 된 세상이라 보기조차 힘들게 된 참새를 어느 누가 잡으러 다니겠는가.

창밖 테라스에서는 참새들이 아직도 떠나지 않고 무엇인가 쪼아대고 있다. 나에게 나의 먼 추억까지 불러주는 고마운 내 이웃사촌이며 한가족이기도 하다. 저놈들과 또 저놈들의 후손들도 다시는 그 옛날 포장마차 시절은 안 맞을 것 같으니 다행스러운 일이다.

4부
내리사랑

내리사랑

이 세상에 창조주가 내려주신 사랑이란 존재가 없다면 단 하루라도 이 세상은 존재할 수 없을 것이다. 우리네 인간들 뿐 아니라 이 세상에 존재하는 모든 삼라만상은 저들끼리의 사랑 나눔으로 존재하는 것이다. 우리네 인간들만 해도 남녀간의 사랑, 부부지간의 사랑, 가족들간의 사랑. 이웃지간의 사랑. 나라사랑. 자연사랑 등등이 없다면 어찌 단 하루라도 존재할 수 있겠는가. 우리 모두가 오늘도 이처럼 하루를 보내고 있는 것도 나를 둘러싼 보이지 않는 이 사랑존재의 덕인 것이다.

사랑이란 그 어느 하나 소중하지 않은 사랑이 없겠지만 자식들에 대한 부모님의 사랑이야말로 가장 위대한 사랑이라 생각한다. 자식들이나 손자손녀들에 대한 사랑은 조건 없는 위대한 사랑이기 때문에 주면 줄수록 스스로 더 큰 행복에 잠기게 되는 것이다. 나 또한 이제 나이 많이 들어서야 부모님이 주신 사랑을 절실히 느끼게 되고 불효했던 지난날을 후회도 하며 손주들을 일곱이나 두며 지내다보니 내리사랑이라는 행복감에 잠겨 여생을 보내고 있는 터이다.

그래서 예로부터 부모에 대한 가장 큰 효도는 자식들 낳아주고 그 자식들이 또 손자 손녀들을 낳아주어 할아비 할미무릎에서 재롱떨게 해드리는 것이라고 했는가보다. 나도 이제 나이 들어 손자 손녀들의 재롱을 보며 무럭무럭 자라는 걸 보며 하루라도 못 보면 보고 싶어지고 자식들 키울 때는 모르던 깊은 정을 새삼 느끼게 되니 우리내외 대신 손자 넷을 키우다시피 해주신 내 부모님 은혜에 대한 생각에 새삼 잠겨들곤 한다.

우리 내외는 아들만 넷을 두었는데 나는 수출무역업을 했고 아내는 스웨터공장을 운영하여 아들 넷은 거의가 할아버지 할머니에 의해 키워졌다. 아이들 할아버지께서는 큰손자 결혼하던 해 돌아가시어 증손자를 못 보셨지만 아이들 할머니는 4손자들을 다 출가시켜 막내까지도 낳은 증손녀를 귀여워하시다 돌아가셨으니 나의 아버지께서는 29년을 한집에서 손자 넷과 3대를 함께 사시다 돌아가신 것이고 나의 어머니께서는 12년을 더 사시면서 증손들도 보시면서 4대를 한집에서 더불어 사시다 돌아가신 것이다.

요즈음 주변을 돌아보면 4대는 물론 3대도 한집에서 사는 경우가 드문 것으로 보아 나의 부모님은 그런대로 내리사랑을 듬뿍 주고가신 복이 많으셨던 분들이있다고 할 수 있겠나. 이제는 나이 40전후가 된 나의 네 아들들은 어렸을 때 업어주시고 길러주신 할아버지 할머니의 은혜를 잊지 않고 제사 때나 성묘 때 그리고 벌초 날은 가급적이면 빠짐없이 모여 정성을 다 해드리는 걸 보면 대견스럽기 까지 한 것이다.

어머님 돌아가시고 나는 지금 막내아들네 식구 셋과 3대가 한 집에서 살고 있다. 첫째 둘째 셋째아들도 내 집 근처에 살고들 있어 모두들 전화를 걸면 15분 내로 다들 모여든다. 손자가 셋, 손녀딸이 셋이 있지만 6일 후면 또 손자 한 놈이 태어나기로 되어있다. 막내며느리 산일이 며칠 남지 않은 것이다. 그러나 다들 이렇게 가까운 거리에 살고들 있지만 매일 얼굴을 맞대고 사는 식구는 막내네 식구들인데 막내네 또한 6개월 후면 1년 반 전 당첨되어 건축 중인 아파트로 이사를 가게 되어있다. 그래서 벌써부터 걱정이다. 하루에 웃는 것이라고는 손녀딸의 재롱 때문이었는데 손녀딸 떠나면 텅 빈 것 같을 이집에서 어떻게 사나 하는 걱정이 태산 같다. 늙은 아내와 둘이서 사진첩이나 들추어보며 아가들이 찾아온다는 날짜나 기다리는 수밖에 없게 되었으니 어쩌면 좋은가. 내리사랑의 행복도 함께하는 생활 속에서 더욱 더 즐거운 것을!

공동 사용 책상

내가 글을 쓰고 있는 나의 서재에는 아무도 좀처럼 들어오지를 않는다. 왜냐하면 내가 글 쓰는 동안은 온정신을 몰두하고 있는 걸 알기 때문에 모두들 아예 들어오기를 꺼려하고 나또한 반가워 할리 없기 때문이다. 그런데 여기에 예외의 한 사람이 있다. 이제 3돌 반이 지난 나의 손녀딸이다. 이 꼬맹이손녀딸은 한 술 더 떠서 아예 내 책상 맞은편에 의자를 하나 마련하고 내가 사용하고 있는 원탁 맞은편에 제 노트랑 연필 한 자루도 놓아두고 수시로 들락거리면서 저도 할아비처럼 공부한답시고 자리에 앉아 제 노트에 저만 아는 글씨로 그려나가는 것이다.

그래서 이 조그마한 원탁은 손녀딸과의 공동사용책상이 된 것이다.그런데 어린나이에도 내 앞에 앉으면 참으로 어른스러워지는 게 기특하기도 하다. 내가 앉아 글을 쓸 때는 꼭 따라하는 것이다. 밖에서는 떠들다가도 방에 들어와 의자에 앉으면 말 한마디 하지 않고 제 노트에다 나처럼 깨알 같은 글씨로 가로로 써나간다. 어떤 때는 내가 글 쓰는데 골몰하다 깨어 앞을 보면 10여분이나 그렇게 그대로 앉아 글을 쓰고 있는 걸 보고 놀란 적이 한 두 번이 아니었다. 대게 요만한 꼬맹이들은 종이에다가 마구 연필로 그어대고 찢고는 하는데 이 꼬맹이손녀딸은 노트에 가로 친 줄 가운데다 나처럼 조그만 글씨로 겹쳐 쓰기도하고 별별 모양을 다 긁적거리고 있으며 페이지 안 선의 안과 밖을 한 치도 벗어나지 않는 게 신통방통하기도 했다.

어쩌다 〈아가야 너 그게 무얼 쓴 거냐〉 물으면 〈아빠에게 까까 사달라는 글 이예요〉 하고 또 어떤 때는 〈동생하고 놀이터 가자고 엄마한테 말하는 거예요〉 한다. 묘하게도 글씨들이 태국이나 아라비아 인도나라 글씨 같기도 한데 아가는 그걸 알고 있는지 혹은 그 글씨가 아가가 어느 꿈속에서 어느 숲속요정들과 놀면서 통용되는 언어인지도 모른다는 착각 속에 빠지게 하는 마술 같기도 하다. 어쩌면 아가는 이 할아비에게 아가처럼 순수한 글을 쓰라고 저렇게 내 곁에 노트까지 갖다놓고 버티고 있는지도 모르겠다. 어쩌면 아가는 이 할아비에게 아가처럼 해맑은 웃음과 한 점의 부끄러운 먼지도 없는 그런 향기로운 글을 쓰라고 저렇게 버티고 있는지도 모르겠다.

이제 3돌 반 되는 손녀딸과 함께하는 공동사용책상, 오히려 할아비에게 글을 쓰는데 방해를 주기는커녕 가르침을 주는 손녀딸, 그래서 나는 혹시나 아가의 노트가 삐뚤어지게 놓이거나 연필심지가 부러져 있거나 하면, 또는 책상에 먼지라도 덮여있으면 얼른 정돈을 해주고 걸레로 말끔히 닦아주곤 하는 것이다. 아가는 어른의 스승이기도 하다는 어느 스님의 말씀이 틀린 말은 아니로구나 하고 생각도 해 본다. 그리고 아울러 할아비한테 아가도 글 쓰는 모습을 마음속에 새기고 있으니 우리의 공동 사용 책상의 의미는 깊다고도 할 수 있겠다.

하버드와 대기만성

오늘이 나의 생일날이라고 나의 가족들이 다들 모여들 것이다. 점심을 함께 하기로 하여 모여들 시간은 아직 멀었는데 나는 아침부터 현관문 쪽만 쳐다보며 기다려진다. 독일 프랑크푸르트에 가서 살고 있는 셋째아들네 말고는 세 아들네식구들이 모두 나의 집에서 가까운 곳에 살고들 있어 그리 어려운 모임은 아니다. 독일 가서 살고 있는 손녀딸과 손자 말고는 다섯 명의 손자 손녀들이 다들 모여들 것이다. 다들 보고 싶은 얼굴들이지만 그중 내가 더 기다려지는 얼굴들은 두 손자들 얼굴들이다. 바로 둘째네 아들과 막내네 아들이다.

이 둘째네 손자 놈과 막내네 손자 놈은 나이가 같고 4개월 차이로 태어나 사촌지간이 되었는데 이 두 놈은 내 귀여움을 독차지하고 있는바 그 자라나는 모습이 하도 차이가 나서 한 놈은 하버드라고 또 한 놈은 대기만성이라 별명을 지어주었다.

4개월 먼저 태어나 형이 된 기주는 지난 1월 2일로 3돌을 지냈다. 이놈은 태어 난지 1년 조금 지나 걸음마를 시작했고 말도 잘하여 〈너는 변호사가 되려느냐〉 라고 말해줄 정도였고 할아버시란 말도 또렷또렷하게 발음을 했다. 3돌 지난 지금은 영어로 하나에서 스물까지도 세고 영어로 인사정도도 하고 색상이며 동물이름도 곧잘 영어로 한다. 그래서 내가 그놈 보고 〈너 커서 어느 대학 갈래〉 하고 물어보면 또렷하게 〈하버드요〉 한다. 그래 이놈 별명을 이 할아비가 하버드라 지어준 것이다.

4개월 늦게 태어났다고 동생이 된 건주는 5월초가 되면 3돌이 된다. 이놈은 2돌 지나서야 가까스로 걸음마를 시작했고 두어 달 전부터야 아빠 엄마 누나 말부터 가까스로 할 정도로 늦어 우리 내외 속을 태우게 했다. 그러니 제부모인들 왜아니 걱정들 했겠는가. 그런데 이놈이 한 달 전부터 할아버지를 〈하야지〉라 부르며 뭐라고 의사소통을 하려고 주절댄다. 5일전쯤에는 전화를 거니 이 놈이 전화를 받아 〈누구세요〉 라고 물어볼 때 나는 놀랬는데 그래서 이놈 별명을 대기만성大器晩成이라 지어준 것이다.

두 녀석이 어울려 노는 모습을 보면 성질도 다르다. 큰 녀석은 빠르기가 단거리 선수 같고 소파 위에서도 방방 뛰고 잠시도 가만 있지를 않는다. 그러다가 의례히 한 두 번은 넘어지고 부딪치고 울고불고한다. 얼마 전에는 어디에 부딪쳐 팔뼈가 다쳐 그 어린놈이 필 깁스를 하고 오더니 그로부터 한 달도 안 되어 침대에서 떨어져 목뼈를 다쳐 목 깁스를 하고 왔으며 또 며칠 전에는 장난감 부속이 콧속으로 들어가 한밤중 병원 응급실로 가는 소동을 벌려 집안이 벌컥 뒤집혀지기도 했다.

작은 녀석은 얕은 문지방도 살금살금 겁을 내며 건너고 누구에게나 폭 안기고 항상 입이 찢어지게 웃어준다. 그리고 함께 놀다가 한 대 맞거나 어디에 어쩌다 부딪치기라도 하면 엄살을 부리며 크게 울어댄다. 두 녀석이 종이칼로 칼싸움을 하다가도 재빠른 큰 녀석이 한 대치면 크게 엄마 부르며 울어댄다.

두 녀석 놀고 있는 걸 보고 있노라면 무척이나 재미가 있다. 할아비는 두 놈들 종이칼싸움도 부치고 우는 걸 보고 박장대소 한다. 얼마나 귀여운 놈들인가. 부디 잘들 자라서 한 놈은 하버드대학에 가서 공부해 출세하고 한 놈은 대기만성大器晩成하여 큰 인물되기를 바란다.

점심시간이 가까워지니 현관문이 열리고 어멈들이 손자들을 걸리어 손잡고 들어오기 시작한다. 그동안 벌써 손자 놈들이 컸나보다. 얼른 나가 한 놈씩 품에 안아 얼굴도 쓰다듬어 주며 귀여운 손자들에게 입맞춤 해준다.

셋째손자님 오셨네

지난 4월 10일 백일 날 만나고 왔으니 오늘로 보름 조금 넘었는데도 셋째 손자얼굴이 눈앞에 어른거려 아내와 그 손자 이야기를 나누고 있는데 느닷없이 둘째며느리가 그 손자를 안고 현관문을 열고 들어온다. 호랑이도 제 말하면 온다더니 이놈이 호랑이인가보다.

정확히 13일 만에 어쩌면 얼굴이 이렇게 달덩이처럼 컸을까. 이젠 고개도 가누고 반가워 들여다보는 할미랑 이 할아비얼굴을 두리번두리번 보더니 입을 삐쭉거리고 울음을 터트리는데 울음소리 또한 호랑이처럼 우렁차다. 놈은 우는데 들여다보던 모두는 우는 것도 귀여워 웃음꽃을 피운다. 둘째아들 내외는 그 아들이 그리도 소중한지 곁을 떠나지 못하고 지켜보고 있다. 왜아니 그럴까! 결혼 한지 8년 만에 얻은 자식이니 말이다. 아들 넷 중 셋은

다 아가들이 둘씩이나 있는데 둘째만이 자식이 없어서 가족들 모임에서 항상 풀이 죽어 보이더니 이젠 두 내외 얼굴에 생기가 가득하고 말씨도 당당하고 쾌활하게 들려 기쁘기 한량없다.

이제 백일 조금 지난 아기가 낯을 가리다니 신통방통도 하다. 내가 이렇게 셋째 손자 놈이 대견스러운 것은 각별한 몇 가지 이유가 있기 때문이다. 이 귀여운 손자는 제 부모의 가슴 아픈 과거를 말끔히 씻어 주었을 뿐 아니라 형제들 우애도 진작시켜준 것이다. 둘째아들은 결혼 한지 2년 후에 떡두꺼비 같은 아들을 낳았으나 불행하게도 한번 울어 보지도 못하고 하늘나라로 가버렸던 것이다. 죽은 아가를 안고 우는 할미 곁으로가 싸늘한 아가의 뺨에 입맞춤해 줄 때 이 할아비 가슴 아파 속으로 처절했던 기억 지금도 나지만 아가엄마아빠의 마음은 오죽이나 아팠을까. 그러니 이번 햇수로 8년 만에 이 호랑이 같은 아들을 보았으니 제 부모마음 또한 얼마나 기쁘겠는가.

첫 아가를 실패한 후 둘째며느리는 시아비인 나를 도와 문중족보를 발간하는데 수고를 해 주었다. 500여 페이지에 달하는 한문과 한글 병행의 원고를 정리 타이핑을 해주는데 거의 2년에 가까운 세월을 보냈다. 그때 나는 며느리에게 말해주고는 했다. 조상님을 위해 이토록 정성을 다해주니 분명 조상님들께서 도와주셔서 자식을 점지해 주실 거라고 격려를 해주고 또 아들과 선친산소에 성묘를 갈 때 마다 산소 옆 산신단山神壇에 절해드릴 때 함께 절하게 하고 떡두꺼비 같은 아들하나 점지해 달라 빌라하고는 했다. 그런데 과연 호랑이같이 잘난 손자 놈이 이 세상에 태어나 백일지난지도 보름이 넘어 또 할아비를 찾아왔으니 이 손자 놈이야말로 제 할아비 체면까지 살려준 효손중의 효손이 아닌가.

얼마 후 귀여운 아가손자가 제어미 품에 안겨 제집으로 가고난 후 아내는 또 다른 이야기 하나를 나에게 들려주었는데 나의 어머님 돌아가시기 며칠 전에 둘째아들 내외가 병문안을 왔을 때 어머니는 손자와 손자며느리 둘의 손을 꼭잡아주시며 〈걱정 말아라 내가 부처님께 너의 자식들 점지해주시길 빌고 또 빌었단다.〉 하고 말씀하시는 걸 옆에서 들었다는 것이다. 어머님 생각이 난다. 한집에서 네 손자들 다 키우시다시피 하신 어머님이시니 그중 한 손자 자식 없었으니 그 걱정 얼마나 크셨을까 하는 생각이 든다. 하지만 어머님도 이제 저 귀여운 증손 태어난 걸 아실 터이니 하늘나라에서도 하도 기뻐셔서 화안하게 웃고 계실 것이다.

잠자리채

손녀딸이 〈할아버지 할아버지〉 부르며 내 서재로 뛰어든다. 왜 그러느냐 물으니 〈잠자리가 왔어요. 아주 많이 왔어요.〉하며 내 손을 끌고 테라스로 나가기에 따라 나와 보니 이 5층 테라스 하늘에 정말로 수십 마리의 잠자리 떼가 몰려 날아와서 하늘높이 오르락내리락하며 곡예를 부리고 있었으며 또 어떤 잠자리들은 시골 농장에서 갖다 꽂아놓은 고추화분 위 여러 고춧대 꼭대기에 앉아 쉬고 있기도 했다.

이제 3돌하고 6개월을 지난 손녀딸은 한 보름 전 시골 농장에서 자두를 딸 때 제 아빠가 잡아준 잠자리 한 마리를 갖고 놀다가 불쌍하다고 날려 보내준 이후로 아침 식탁에 앉으면 꼭 〈할아버지 우리 언제 잠자리 잡으러 또 가요〉하고 묻는 것이 아침밥 먹기 전 물어보는 일과 중 하나가 되어오고 있는 터였는데 정말 뜻밖에도 오늘 우리 집 테라스로 수십 마리의 잠자리 떼가 몰려온 것이다. 며칠째 계속되던 장맛비가 그치긴 했어도 아직 하늘에는 구름이 잔뜩 끼어있어 또 연이은 비가 계속 올 것 같은데 잠시 비 멈춘 사이 이 잠사리들이 몰려와 내 어린 손녀딸을 즐겁게 해주는 것이다.

손녀딸은 빨리 잡아 달라 하는데 아무리 잡으려 해도 잡히지 않는다. 고춧대들 앞으로 살금살금 다가가서 잡아채려면 잠자리 눈은 사방으로 굴리며 돌려보아 금세 알아채는지 약을 올리며 하늘높이 솟아오른다.

그래 나는 손녀딸에게 좀 기다리라 해놓고 잠자리채를 만들기 시작했다. 집안을 이리 저리 뒤져보니 세탁소에서 끼워주는 철사줄 옷걸이 하나를 찾아 동그랗게 펴기 시작하고 전번 농장에서 가져온 고춧대중 제일 가벼운 것으로 하나 골랐다. 그리고 아들이 수출하고 남긴 망사를 가위로 오려 바늘로 꿰매려고 하는데 마침 외출했던 어멈이 들어와 자기가 한다며 아주 예쁘게 잠자리채 마무리를 해주었다. 그래 결국 잠자리채는 완성되었고 줄곧 옆에서 떠나지 않고 할아비 잠자리채 만드는 걸 지켜보며 잔심부름도 해주던 손녀딸에게 한번 들어보라며 잠자리채를 손에 쥐어주니 그조차 무거워 뒤뚱거린다.

그런데 이를 어쩌나! 다 만들고 나서 테라스로 나가보니 비가 내리고 있고 잠자리들도 비를 피해 제 집으로 다 가버렸으니! 하는 수 없이 나와 손녀딸은 마루에서 테라스를 내다보며 틀림없이요 비가 멈추면 잠자리들은 또 몰려올 것이라는 걸 믿고 비 그치고 잠자리 나타나길 기다린다. 왜냐하면 이 5층 테라스 동쪽과 남쪽 화단과 텃밭에는 채소가 자라고 있으며 화분이며 플라스틱 통에도 20여 그루의 고추와 방울토마토, 머루넝쿨, 포도넝쿨이 있고 더욱이 농약 없이 자라는 청정지역이라 할 수 있어 잠자리들 먹이도 갖가지로 충분 할 터라 비 피하려고 가까운 저들 집으로 갔던 그 잠자리들이 틀림없이 다시 몰려올 것을 이 할아비는 굳게 믿고 있기 때문이다. 그리고 오늘 손녀딸에게 할아비가 만들어준 이 잠자리채로 단 한 마리라도 잡아주어 놀게 해주다가 또 불쌍하다 놓아줄 수 있게 해주고 싶은 극진한 마음으로 이 할아비 마음도 아가손녀딸 마음으로 돌아가 둘이서 잠자리들 날아오기를 기다리고 있는 것이다.

막내손자의 첫 전화

조반 들기 전 소파에 앉아 조간신문을 읽고 있는데 전화벨이 울린다. 아침부터 날씨가 무더워 선풍기 바람을 쐬며 중요한 대목의 뉴스를 읽던 참이라 아내가 전화를 받겠지 하며 그냥 몸을 소파에 기댄 채 있으려니 아내는 이미 테라스 텃밭에서 상추를 뜯고 있는걸 알고는 하는 수 없이 일어나 전화를 받았다.

〈누구세요〉 하고 물으니

〈건주〉 하고 짤막하게 대답한다.

〈어라! 건주가 전화를 했어!〉 하며 나는 느닷없이 으하하 웃음을 터트린다. 그놈의 전화를 받는 순간 아침부터 짜증나던 신문뉴스 니부링이와 무너위가 싹 가셔지고 가슴은 기쁨과 환희로 가득 부풀어 오른다. 내 머리 속에는 나와 전화로 통화하고 있는 내 막내 손자 놈의 얼굴과 몸동작이 훤하게 떠오르는 것이다. 여지까지 말도 제대로 못하고 또 다른 손자 놈들에 비하여 걸음마도 2년 이상 늦어 병원에라도 가보라고 아범눈치 보며 어렵게 말해보려면 그럴 때마다 한발 한발 걸음 띄어 가슴 쓸어내리게 하곤 하던 그 놈이 전화를 하다니 믿어지지를 않는 것이다. 그래서 다시

〈건주야 너 정말 건주 맞아?〉 하고 되물으니

〈네〉 하고 단 한 마디로 대답한다.

〈왜 전화 했어〉 하고 물으니

〈할아버지가 보고 싶어서〉 참! 이렇게 물어 보는 대로 즉답을 하다니! 신통방통한 일이다. 그래서 또 한 번

〈건주야 할아버지 사랑해요 해봐〉 했더니 이번에는 한 술 더 떠서 〈할아버지랑 할머니랑 사랑해〉 하고 할머니까지 사랑한다고 말해주니 하도 기뻐서 테라스에 나가있는 아내를 불러 전화를 바꿔주었다. 아내도 아침에 느닷없이 걸려온 막내 손자 놈의 전화가 저리도 기쁜지 아내도 4살배기 손자 놈의 대화 수준으로 돌아가 이야기 나누며 행복하기만 하다. 전화를 끝내고 나서 아내가 말해주기를 어멈한테 전화로 물어보니 웬일인지 오늘아침 건주가 할아버지 할머니 보고 싶다고 전화를 걸어달라고 성화를 부려 전화를 걸어 주었다는 것이다.

나에게는 손녀딸이 셋이나 되고 손자도 넷이나 된다. 사랑스러운 것은 다 마찬가지이지만 이 막내손자 놈은 지금 우리 두 내외가 살고 있는 이집에서 태어나 2년이나 같이 살다가 아파트로 이사한지도 또 2년이나 된다. 그렇게 한집에서 2년이나 함께 살다가서 그런지 다른 손자손녀들보다는 우리 내외를 더 잘 따른다. 그런데 다른 아이들은 돌이 지나면 웬만한 말도 하고 걸음마도 했

는데 이놈은 거의 3살이나 되어서야 한걸음 두 걸음 걸음마를 했고 몇 달 전만 하더라도 말을 잘하지 못해 우리내외를 애타게 했던 것이며 오죽하면 그놈별명을 〈대기만성〉이라 지어주며 내 자신 위안을 받았고 이놈과 사촌지간이 되는 다른 손자 놈은 4달이 빠른데 하도 말을 잘하고 지나치게 뛰어다녀 〈하버드〉라는 별명을 지어준 것이다.

그런데 이아침 처음으로 말문을 전화로 열어준 막내손자얼굴을 생각하니 갑자기 어젯밤 꿈이 머리에 떠오른다. 어느 다리에 서인가 바위 위에서 맑은 계곡의 물을 내려다보고 있는데 붕어한 마리가 노닐고 있었다. 그때 갑자기 첨벙하는 물소리에 놀라 옆을 보니 웬 오색무지개 옷을 입은 바다가제가 있었다. 마침 내 옆에 있던 막내손자 애비가 있어 〈네가 잡거라〉 하니 들어가 손으로 조용히 잡는 것이었다. 참 이상한 꿈도 다 있구나. 혹시나 내가 지어준 별명 〈대기만성〉을 예시해주는 꿈은 아닐까.

아직도 집안에는 아가들의 목소리가

어제들 다녀갔는데 아직도 집안에는 7살 난 손녀딸과 4살 된 손자 놈 목소리가 귀에 재재거린다. 마루에도 안방에도 서재에도 손주들의 재재거리는 소리, 다투는 소리, 우는소리, 깔깔거리며 웃는 소리가 환청처럼 들린다. 소리만 들리는 게 아니라 그 귀엽게 노는 모습들, 이방 저 방으로 뛰어다니며 장난치는 모습들, 할아버지 부르며 달려드는 모습들 그 귀여운 모습들도 눈앞에 어른거린다.

창밖을 내다보니 빨간 고추잠자리가 서너 마리 공중에서 빙빙 돌고 있다. 그 고추잠자리를 보니 또 어제 손주들과의 일이 생각나고 귀여운 모습들이 떠오른다. 어제 꼬마들이 테라스 화분고추들이 익어 빨갛게 되었는데 그 고추를 지탱해주는 긴 막대위로 날아도는 고추잠자리 잡아 달라 떼를 쓰던 귀여운 그 손주들 얼굴이 떠오른다.

그다지 멀리 떨어져 사는 것도 아닌데 손주들이 집에 온건 한 달하고도 보름이나 되었던 것이다. 그동안 매일같이 비가 오다시피 날씨가 궂은 편이었고 기온 또한 무너운 씸통더위였고 나또한 역시 아내와 함께 주말마다 농장엘 다녀왔고 또 벌초도 다녀오느라 세월 가는 줄 모르고 지내왔기에 이번에는 그렇게 한 달 하고도 보름 만에야 내 귀여운 손자손녀를 만나게 된 것이니 누군들 탓할 수 있겠는가.

그러던 차에 어제 온종일 놈들과 하루를 보내 보고 싶던 마음과 서운했던 마음은 풀렸지만 아직도 집안 이곳저곳에서 귀여운 떠드는 소리가 귀를 여운처럼 울리고 눈앞을 떠날 줄 모르니 이것이야말로 나의 지나친 욕심이 아니겠는가. 어린 아가들에게도 그네들의 인생이 진행되고 있는 터인데 말이다.

그런데 이렇게 귀여운 손자손녀가 어제 다녀갔는데도 놈들의 목소리가 귓전에 맴돌고 눈앞에서 뛰어노는 것이 어른거리는 것은 아직도 내 마음속에 꽉차있어 지금 이 순간에도 행복한 시간을 향유하고 있는 것이 아니겠는가. 아마도 내일이나 모레까지는 이렇게 혼자서 때로는 싱긋이 웃고 때로는 복에 넘쳐 활달한 일상을 보낼 것이 틀림없을 것이다. 그리고 그 후에 놈들의 목소리도 사라지고 눈앞의 어른거림도 없어지면 놈들의 목소리가 어떠했던가 그리고 놈들의 얼굴은 어떻게 생겼던가 하고 귀 기울여도 보고 눈앞에 그려도 보게 될 것인즉 그것이 또 놈들을 기다리게 되는 징조가 되는 것이다.

넓은 집안에 우리 두 내외만 살아가고 있으니 둘의 대화는 하루에 서너 번 나누기도 힘든 것이다. 어떤 때는 삼시세끼마다 식사하라는 아내의 말에 대답하는 몇 마디 밖에 하지 않고 보내는 날도 있는 것이다. 다만 집안에서는 이따금 켜놓은 티브이서 흘러나오는 소리와 이따금 울리는 전화를 받아 통화하는 소리뿐인 것이다.

집안에서는 그저 아가들 우는소리가 시끄러워야 하고 아가들 웃고 떠들며 재롱부리는 모습이 있어야 사람 사는 재미를 맛보게 되는 것이다. 그런데 요즈음 세대가 어디 그런가. 세상 돌아가는 것이 핵가족화 되어 그 어느 젊은이들이 시부모 밑에서 살기를 바라겠는가. 그저 그들 내외가 자식들 낳아 기르며 다만 한 달에 한 번 씩이라도 와서 늙은 부모품안에 손자손녀들 안겨주는 것만 해도 요즘 세상에 제일가는 효자효부 아니겠는가.

아가들이 주는 따뜻한 가슴, 아가들이 주는 천상의 목소리, 아가들이 주는 해맑은 미소와 얼굴들이야말로 지상천국을 이루어주는 소중한 존재 중 으뜸이 아니겠는가. 다음에 또 오면 좀 더 많이 듣고 보며 오래 함께 놀아주어야 하겠다.

손녀딸이 보낸 편지와 번역시

셋째아들이 다니는 회사의 독일주재원으로 발령받아 식구들과 함께 떠나 사는지도 15년이라는 세월이 꿈처럼 지나갔다. 그때 4살 되던 손녀딸이 어느새 19살이 되어 영국의 외교학부로서는 최고라는 명문대학인 세인트앤드류스대학〈University of St Andrews〉 외교학과에 합격을 해서 다니고 있다. 손녀딸의 장래 희망은 외교관이라서 그 대학을 택하였다고 금년 초에 손녀딸이 한국을 방문했을 때 이 할아비에게 직접 들려준 말이었다.

오늘아침 그 손녀딸로부터 두툼한 편지 한 통이 집에 도착했다. 지난번에는 독일 제 집에서 고교 3학년 때 할아비 시집을 읽고 시 3편을 번역해 반 친구들에게 보여주며 자랑을 했다고 하더니 이번에는 영국대학에 입학해 영국대학교 기숙사에서 지내며 이 할아비시를 2편이나 또 번역해 친구들에게 보여주며 자랑을 했다고 하며 제 할미에게 주는 꽃그림과 편지와 번역시 5편을 종이바탕에 그림을 그려 넣고 글씨도 정성 드려 손으로 써서 보내주었으니 편지봉투가 두툼하지 않을 수 없었던 것이다. 이 얼마나 기특한 내 손녀딸인가!

마침 나는 코로나로 두문불출신세가 되어 답답함을 조금이라도 면해보려고 지난날의 일기장을 들추어보다가 내가 써놓고도 까맣게 잊고 있었던 수필들을 발견하여 나의 제2,3수필집을 발간하고자 지난 4월 12일부터 수정작업에 들어가 7개월여 만인 지난 11월 20일에 완료하고 저 코로나가 어서 빨리 종식되어 출판되기를 기다리고 있는 터에 갑자기 내귀여운 손녀딸이 보낸 편지를 받아보게 되었으며 몇 번이고 손녀딸의 번역시를 읽어보고 나서 내 귀여운 손녀딸이 그 좋은 대학 졸업하고 나서 시를 사랑하는 훌륭한 외교관이 되기를 기원하는 마음에서 결국 이번 새로 출간할 나의 수필집에 내 귀여운 손녀딸의 편지와 번역시를 넣어주기로 작심을 하게 되었다.

4살 때 제 식구들과 독일로 떠나 살고 있는 나의 손녀딸이 어느새 19살 대학생이 되다니! 더욱이 기특하게도 요즈음 세상민심이 물질만능시대로 빠져들어 시를 쳐다보지도 않는 이때에 그래도 제 할아비가 시인이라는 걸 자랑을 해주다니! 그것도 한국이 아니라 외국에서!

나의 귀여운 손녀딸의 어리광 섞인 편지와 번역시 3편은 다음과 같다.

편지;

〈할아버지, 할머니,
건강히 잘 지내시나욤?
제가 할아버지가 쓰신 시 두 편 더 번역을 했어요!.
번역한 시들을 친구들한테 보여줬더니 다 감탄하더라고요!
너무너무 존경스러워요!
그리고 할머니를 위하여 꽃을 그려봤어요.
서툴지만 사랑이 듬뿍 담긴 그림이에요.
할아버지, 할머니, 너무너무 보고 싶어요!
사랑해요!
–예주–〉

번역시 3편

(1) 둥그시고(첫 시집에서)	Round
하느님도 둥그시고	God is round
해님도 둥그시고	And so is the sun.
달님도 둥그시고	The moon is round
지구님도 둥그시고	And so is the earth.
어머님 얼굴도 둥그시고	Mother's face is round.
아내의 얼굴도 둥그시고	And so is my wife's
아가의 얼굴도 둥그렇고	Babies' faces are round

그런데	And so I continually wonder
내 각진 마음은	When will my angular heart
언제나 둥그러질까	Chisel away its sharp corners.

(2) **빗소리(제2시집에서)**	**Rainfall**
한밤중부터	Late night
이 아침 늦게까지	Till early morning,
천둥치고 번개치고	I hear the thunder rumbling
장대비 쏟아지다	And the downpour grumbling,
가는 비 뿌리고	A while later soft rain
	begins falling
일기예보는	And the weather forecast
그저 대기불안정 때문이라고	blames it on, well,
간단히 알려주지만	Atmospheric instability,
그런데 왜	Yet why to me
나에게는	Does it sound like
하늘의 통곡소리로만 들릴까	The heavens wailing,
분노로 짜르릉거리다가	Roaring thunder in fury
굵은 눈물 쏟아 내리다가	pouring tears until weary,
울다 지쳐 가는 눈물 흘러내리고	Till its cry is stilled,
	And its anger killed.

(3) 노도 같은 눈물의 강물 되어 (첫 시집에서)

A River of Tears

이산가족 상봉하는 날에는
우선 눈물 닦을 손수건
준비해야하네

나뿐만 아니라
텔레비전 시청하는 남한 국민들
모두 손수건 준비해야하네

남한뿐 아니라
텔레비전 보는 북쪽 국민들도
마찬가지 일 것이네

이산가족이거나 아니거나
상관없이 우리 7천만 민족 모두
눈물 닦을 손수건 마련해야 하네

On the day of the reunion for
families divided by
the Korean war,
I must, first and foremost,
prepare a handkerchief
to collect my tears.

Not only I,
but every South Korean
gaping at the television screen,
must, without further ado,
prepare a handkerchief
to collect their tears.

Not only the South Koreans,
but every North Korean
gazing at the television screen,
will, without a doubt,
need a handkerchief
to collect their tears.

South Korean,
North Korean,
a divided family,

a unified one,
all 70million of us,
must, without an exception,
prepare a handkerchief
to collect our tears.

우리는 한 민족이기에
우리 모두의 한 비극이기에
우리는 함께 눈물 쏟는 것이네
우리는 함께 통곡 하는 것이네

Since we are one people,
and because we are one tragedy,
we shed tears together as one,
and together as one we wail
our agony.

하늘이시여
우리 민족 함께 흘리는 이 눈물
강물 되게 하소서

Heaven,
Please let the tears
trickling down
the cheeks of our people
descend into a river.

노도처럼 흘러넘치는 강물 되어
허물어 주소서 저 분단 장벽을
반백 년 가로막고 있는 저 장벽을.

Please let the river rage
like a rogue wave and
tear down the wall of division.

5부

일기장 속의 낚시기記

일기장 속의 낚시기記

오늘도 지나간 일기장을 들추어보다가 내가 지난날 얼마나 낚시를 좋아 했던가를 새삼 느낀다. 그저 토요일만 되면 오전까지 회사 일을 마무리 짓고 낚시채비를 하고나서 미리 약속되어있는 거래선 들이나 직원들 그리고 가족들과 동생 조카들을 차에 태우고 낚시터로 떠나는 것이었다. 낚시터에 가서는 의례히 텐트를 치고 밤새껏 낚시를 하다가 졸리면 잠도 자고 또 자다가 일어나 던져 넣은 수면위의 반짝이는 야광찌를 응시하며 그렇게 일요일 정오까지 지내다가 귀가하는 것이었다.

그렇다고 붕어나 다른 어종들을 많이 잡는 것도 아니고 한 마리도 못 잡고 돌아오기가 다반사였던 것인데 그 무슨 큰일이라고 그렇게도 빠짐없이 기록해 놓았는지 지금 생각해봐도 해도 너무 했다는 생각이 들기도 한다. 그리고 이제야 지난 그 시절 거래 선이며 낚시친구였던 박 사장이 어느 술좌석에서 나를 향해 〈문 사장 하면 생각나는 건 매운탕〉이라 하던 그 말이 생각난다. 그 당시에는 별스럽게 생각 않고 껄껄 웃고 말았지만 오늘 일기장을 들춰보고 나서야 그의 말이 이해가 간다.

일기장에는 낚시라고는 해보지 않던 내가 처음으로 낚시터로 가서 낚싯대로 붕어를 낚아채던 순간의 감정이 기록되어 있으니 그것은 1981년 5월12일, 공교롭게도 그날은 석가탄신일이었다. 어머니와 아내는 절에 가서 불공을 드리는데 나는 새로 처음 장만한 낚시가방을 메고 양수리로 가서 어느 다리 밑 수초 가에 낚시를 드리우고 있었다. 낚시란 처음으로 해보는 것인데 던져 넣은 빨간 찌가 수면에서 쭉 올라오는 걸 보고 낚아채니 27센티미터나 되는 참붕어가 끌려나왔고 그 순간의 짜릿한 쾌감이 나로 하여금 몇 년 전까지 22년이라는 긴 세월을 낚시 광으로 만들어버린 것이다. 그날 이전까지만 하더라도 나는 낚시를 하는 친구들이나 특히 낚시를 젊어서부터 좋아했던 동생을 보면 정신나간 사람들이라 했다. 하루 종일 한 마리도 못 잡는 낚시를 뭐 그렇게 청승스럽게 앉아서 있느냐고 핀잔을 주고는 했다. 나는 그때 수제품인 고기잡이 그물을 사 가지고 물속에 포물선을 그리며 던져 넣어 한꺼번에 피라미, 붕어, 버들치 등을 100여 마리도 잡고 기고만장 했던 것이다, 그런데 내가 양수리에 가서 인연 맺은 그 붕어와의 그 첫 대면은 나를 정신 나간 낚시 광으로 만들어 주었으니 그 후로 친구들과 동생으로부터의 조롱은 되로 주고 말로 받는 꼴이 되고 만 것이다.

내가 낚시 광이 되어버린 사연을 먼 훗날인 지금 와서 곰곰이 생각해보니 그것은 붕어를 낚아채는 순간의 쾌감 때문만은 아니라는 것이다. 그것보다는 주중 동안 쌓이고 쌓인 스트레스를 풀기 위한 피난처로 낚시터를 찾아 방황한 것임을 알 수 있다. 나의 36년간 외길 섬유수출 무역업은 그만큼 고통스럽고 좌절의 구렁텅에서 허덕이는 기간이었다. 그 사실은 일기장에서 보건데 월요일부터 토요일까지는 자금걱정, 선적걱정 그저 걱정에 걱정을 하다가 그 걱정실마리를 던져 넣은 낚시찌에서 다소나마 풀어보려 애썼던 걸 또한 느낄 수 있다.

그렇듯 좋아하던 낚시를 나는 오래전부터 그만둔 것이다. 첫째 이유는 물론 나이 들어 힘에 버거운 점도 있지만 다른 한 이유는 그렇게도 깨끗하던 강과 호수나 개울물들이 공해로 더럽혀졌고 낚시꾼들의 무분별한 오물투기에 넌더리가 났던 때문이었다. 나는 낚시터에서 담배는 피어도 담배꽁초는 버리지 않고 집에 가져오는데 낚시터가 쓰레기장으로 변하여 낚시꾼, 조사라는 신분이 몹시도 창피하게 느껴졌기 때문이다.

요즈음도 고향 근처 농장을 가는 길이면 양수리를 지날 때마다 의례히 그 옛날 내가 첫 번째 낚시 행에서 제법 큰 붕어 한 마리 낚아 올리고 기뻐하던 그 강다리 한옆 수초 가를 바라본다. 지금은 낚시금지구역이 되었으나 내가 낚시 하던 그때만 하더라도 낚시꾼들이 그리 북적대지는 않았을 뿐 아니라 그런대로 그 옛날 강태공 같은 낚시 도를 아는 사람들이 많았다.

오늘 우연히 들추어본 나의 지난날 일기장속 낚시기록을 보니 새삼 낚시가 가고 싶어진다. 그러나 내 나이 벌써 70인데 가능하겠나. 하기야 중국 고대 강태공은 나이 90까지 곧은 낚시로 세월을 낚다가 재상자리에 불려갔다 하지만 말이다.

오래전 낚시를 접을 때 그래도 아쉬워 내 책상 앞 필통 속에 넣어둔 빨간 낚시찌들이 모처럼 지난날 일기장속 낚시기를 읽고 있는 나를 바라보며 시 한편 읊어보라 한다.

빨간 찌 하나 외롭지 않네

아비가 낚시 좋아해
아들 넷도 낚시꾼들
만들더니

큰아들의 아들인
큰 손자도 벌써
청개구리조사 된 지 오래인데

이제 두세 살 된 사촌지간
나의 손자 세 놈들도 어느새
낚시에 걸려들기 시작했다네

필통에
빨간 낚시찌 하나 세워놓았더니
놈들 집에 올 때마다

할아비지 발음도 제대로 못해
한 놈은 하지, 또 한 놈은 하야지
막내손자는 찌하고 부르며

빨간 찌를 가리키며
저게 뭐예요 저게 뭐예요
묻기 시작하니

회심의 미소 띄운 할아비
요놈들도 낚시에 걸려들어
입질 시작하는구나!

낚시가 가져다 준 행운

지나간 일기장에서 나의 낚시행각의 줄기참을 보고 놀라지 않을 수 없는 것은 어떻게 토요일 일요일엔 그렇게 사시사철 쉴 새 없이 행할 수 있었느냐 하는 점이다. 그리고 그 낚시여정과 결과를, 무엇이 그리 대단하고 소중하다고 자세하게 그 무슨 경리장부라도 되는 듯이 기록해 놓았느냐 하는 것이다. 하다못해 오늘은 피라미 한 마리, 또는 붕어 몇 센티 몇 마리, 이렇게 전쟁터에서 그 무슨 아주 중요한 노획물이라도 쟁취한 듯 말이다. 그것이 1,2년에 걸쳐 그랬으면 이해가 가겠으나 근 25년간을 그리했으니 기가 찰 노릇 아닌가.

그 많은 시간을 진행하고 있는 사업에 좀 더 열중할 수는 없었던가. 상경대학을 나와서 손익계산은 철저히 할 줄은 알았을 텐데 그 많은 시간을 이익이 되는 사업에 집중하였더라면 좀 더 많은 돈을 벌 수 있었지 않았겠는가. 그런데 한 가지 희한한 것은 1985년 1월1일 그 어느 곳에서 보고 기록해놓았는지 〈아인슈타인 성공비결은 〈S=X+Y+Z〉 라 해놓고 〈S〉는 성공, 〈X〉는 말을 많이 하지 말 것, 〈Y〉는 열심히 작업에 임할 것 그리고 〈Z〉는 한가한 시간을 가질 것〉 라는 문구를 적어놓았는데 혹시 나라는 사람은 이 문구를 실천에 옮기느라 그렇게 낚시행각을 미친 듯이 해온 것은 아니었나 하는 생각이 들기도 한다. 하기야 지난날 나는 월요일부터 토요일 오전까지는 업무에 시달려 마음편한 날이 없을 정도로 열심히 작업에 임했고 바이어들이나 거래선 그리고 가족들과 함께 낚시를 다니기는 했지만 낚시하는 동안만은 던져 넣은 낚시찌를 응시하며 참선이라도 하는 듯 말을 많이 하지 않았으며 아울러 그보다 더 즐거울 수 없었던 한가한 낚시 행각이었으니 이 세 가지야말로 아인슈타인의 공식을 충실히 이행한 것이 아니었겠나하는 생각이 들기도 한다.

그렇다면 〈S〉, 즉 성공은 어디로 갔느냐 하는 점이다. 그 많은 시간들을 투자한 낚시행각이 무엇을 성취하게 하여 주었느냐 하는 점이다. 그저 노후의 자급자족에는 걱정 없을 정도는 이루어 고교시절 좋아했던 시의 여신을 다시 찾아 나선 지금의 나를 성공의 의미로 여긴다는 것인가. 아직까지는 큰 병 걸리지 않고 술 담배 즐기고 있는 지금의 그런 대로의 건강함을 의미하는 것인가.

여기까지 생각이 미치자 그제야 아! 그것이로구나! 낚시행각의 그 여정은 나에게서 아까운 시간은 빼앗아갔지만 그 반대급부로 나에게 자연으로 들어가는 행운의 무지개다리를 놓아 주었구나 하고 무릎을 치게 된 것이니 그것은 바로 나의 추억의 강변 집으로부터 시작된 것이다.

강변 집을 구입하게 된 것도 결국 고향 근처에서 좋은 낚시터를 발견했기 때문인 것이다. 큰댁이 살고 있는 마을 근처에 유명한 샘터가 있었는데 이 샘터는 시시사철 풍부한 샘이 마를 날 없이 솟아올라 길 가던 나그네들 목을 축여줌은 물론이고 동네 아낙들의 빨래터이기도 했는데 이 샘물이 도랑을 흘러내려 남한강에 합류하는데 바로 그 합류지점에 조그마한 샛강이 이루어져 어족들이 많아 낚시를 해서 빈 바구니가 있을 수가 없을 정도의 좋은 낚시터를 발견할 수 있었던 것이다. 여기에서 한번 붕어 맛을 본 나는 결국 근처에 허름한 황토 집을 구입하였고 그때까지만 하더라도 대한민국 낚시터라면 어디고 가리지 않고 쏘다니던 걸 중단하고 주말이면 이 강변 집으로 내려가 잠도 자고 밤낮없이 낚시를 즐길 수 있었던 것이다.

결국 낚시행각이 구해준 이 강변 집에서 자연을 배우게 된 것이다. 텃밭에 고추, 쌈, 팥, 콩을 심기 시작했고 그리고 울안에는 매실, 대추, 복사, 살구나무들을 심어 길렀고 뒷산에서 울어대는 산새소리며 담밖에 유유히 흐르는 남한강의 사시사철 변하는 풍광에 매료되었으며 인생을 조금이라도 깨우치게도 된 것이다.

아울러 이 강변 집은 4차선도로 확장으로 없어진 지금에도 이곳에서 배운 농사기법은 지금의 농장으로 옮겨져 나의 노년을 한층 즐겁게 해주고 있으며 또한 고향 근처라 아버님 어머님 살아생전 친척들의 보임상소가 되어 주기도 하여 지금 잠들고 계신 부모님 산소자리도 그때 집안 어른들이 의논 결정들 하신, 이 강변 집에서 그리 멀지 않은 곳에 자리 잡게 된 것이다.

그러니 그 누가 나의 낚시 광 시절이 내 아까운 시간만을 앗아 갔다고 말 할 수 있겠는가. 낚시가 가져다준 행운은 나에게는 이토록 무척이나 크고 값진 보석을 안겨 주었는데!

우중雨中 낚시 삼매경

더위가 물러간다는 처서가 지난지도 오늘로 칠일이나 지났는데도 한낮의 무더위는 숙여질 기세를 보여주지를 않는다. 열대야로 밤에는 제대로 깊은 잠 못 들고 낮에는 선풍기 앞에서도 땀을 흘린다. 이렇게 무더운 한낮에는 시원한 소나기 한바탕 쏟아졌으면 좋으련만 오늘따라 구름도 햇볕에 쪼이는 게 힘에 버거운지 그 자리에서 움직이지 않고 졸고 있다. 너무나 더우니 불현 듯 시원했던 그 낚시터 생각이 나고 내가 그때 쓴 〈우중낚시〉라는 시가 생각난다.

우중 낚시 삼매경

하늘도 먹구름 몰고 와
낚시 줄 내리 꽂네

내가 던진 낚시 줄엔
빨간 찌가 흔들흔들

하늘이 내리꽂는 낚시 줄엔
오색비늘 튕기는 물방울

무더운 여름철 낚시를 할 때는 비 오는 날이 좋다 . 그리고 한낮에 퍼붓는 소나기는 더 더욱 좋다. 널찍한 우산 밑에서 수초 속에 던져 넣은 찌를 응시할 때 비가오거나 소나기가 쏟아질 때면 수면에서 튀어 오르는 물방울들이 시원한 바람을 일으켜준다. 우산을 세차게 뚜드려주는 빗소리와 수면위에 떨어지는 빗소리 그리고 둘러싼 산야에 쏟아지는 빗소리는 모든 시름과 피로를 씻어주고 머리를 맑게 해준다. 세상에 그런 청량제는 없으리라. 머리가 맑아진다는 것은 머릿속이 비어진다는 뜻이며 이 경우 이미 낚시삼매경에 들어앉아 있는 것이다.

장대 같은 빗줄기도 하늘이 먹구름 몰고 와 낚시하는 걸로 보이고 모든 것이 하나로 되어 내가 우주가 되어 낚시하고 우주 또한 내가 되어 낚시를 하게 된다. 물고기들 또한 두려워 움직이지 않으니 낚싯대 물어갈 걱정 없어 이 모두가 낚시삼매경에 빠져 나를 깨우게 할 수는 없는 것이다.

삼매경三昧境이란 원래 고대인도 아리안 말로서 오늘날까지 내려오며 불경이나 고대인도문학을 이것으로 기록되었고 이를 범어梵語라고 한다. 불교에서 잡념을 버리고 한 가지 일에만 정신을 집중하는 일을 뜻하는 것으로 흔히 들어본 바로는 독서삼매경이나 염불삼매경은 있었으나 사실상 내가 말하는 낚시삼매경이란 나로서도 처음 뇌까려보는 말인 것이다. 그러나 낚시에 집중하다보면 다른 것은 다 잊어버리고 마는 것이니 이 또한 삼매경이라 해도 무방하지 않겠나하고 여겨지는 것이다. 다만 살생을 금하는 불가佛家의 언어에 이런 말이 사용된다는 것이 옳은가의 판단은 차치且置하고 말이다.

그런데 갑자기 이 웬 소리인가! 나의 추억의 삼매경을 단숨에 깨어버리다니! 그 옛날 그 저수지에서 넓은 우산 밑에 앉아 낚시 삼매경에 빠진 나를 깨우고만 이 소리는 무슨 소리인가. 얼른 일어나 창밖 테라스를 내다보니 어렵쇼! 소나기 쏟아지네! 〈꿈 깨고 할 일이나 하라〉고 소낙비 쏟아지네!

소낙비와 낚시

젊은 날 낚시를 무척이나 좋아했다. 주말이 되면 우리낚시일행은 어김없이 일정장소에서 만나 미리 정해진 장소로 낚시를 떠나고는 했다. 자동차는 봉고차로 기사들 중 낚시를 하도 좋아해 우리 낚시 모임 회원들로부터 낚시광이라는 별명을 수여받은 그 기사가 늘 함께 가고는 했다.

우리들의 낚시 행은 어느 면으로 보면 사업의 연속인 점도 있었다. 왜냐하면 그 모임은 〈청죽회〉라는 이름으로 그 구성원이 외국구매회사 한국 책임자〈바이어에이전트〉와 국내 무역업자 그리고 생산업자로 되어있어 낚시행위로 이루어지는 친목은 깊은 우정으로 변했고 또 서로 간에 깊은 신뢰감도 쌓아갈 수 있었던 것이니 서로 믿고 일거리도 주고받으며 품질관리도 철저히 하여 외국에 실려가 잘 팔릴 수 있도록 노력을 했으니 그야말로 낚시하며 즐기며 즐긴 만치 돈도 벌었으니 도랑치는 노력도 없이 가재 잡는 격이 아니었겠는가.

벌써 25년 이상 되는 그때만 하더라도 저수지나 강가 그리고 수로에 찾이기 낚싯대를 드리우면 요즘처럼 왁자지껄 떠들어대는 많은 낚시꾼들도 없었고 주변도 청결하게 자신이 버린 쓰레기는 물론 남이 버리고 간 담배꽁초라도 눈에 보이면 주어다 공동쓰레기통에 버리곤 하여 물 또한 깨끗했고 오염에 물들지도 않아 그 물로 손을 씻거나 얼굴을 씻을 때는 새우나 치어들이 바글바글 모여들었던 것이다. 더욱이 그때만 하더라도 중국이 오늘 날처럼 세계의 굴뚝공장이 되기 이전이었기 때문에 중국으로부터의 황사가 몰고 오는 갖가지 중금속오염이나 미세먼지가 덜 했기 때문에 소나기 맞는 것도 예사로운 일이었던 것이다.

한여름 무더위에 뜨거운 햇살 가려주는 우산 밑에서 쪼그리고 앉아 땀을 흘리며 졸기도 하며 찌를 응시하다가 검은 구름이 몰려와 빗줄기를 뿌리게 되면 어느 누구나 우산 밖으로 튀어나와 쏟아져 내리는 시원한 빗줄기를 웃통 벗은 채 맞으며 환희의 소리를 지르는 것이었다. 뜨거운 해가 산 저쪽에서 먹구름 제치고 다가오니 그까짓 옷 말리는 것쯤 걱정도 없으려니와 또 말리더라도 소낙비의 시원한 기운이 몸속에 오래 머물러 있을 테니 그 또한 상쾌한 기분 아니었겠는가.

세월이 많이 흘러간 지금도 그때 그 소낙비와의 추억이 시원한 바람을 불러 주지만 지금은 만나보기 힘든 그때의 낚시친구들 또한 그리워지며 그들과의 잊을 수 없는 추억 또한 불러준다.

낚시터에서 낚시를 하면서 집에서 싸준 김밥을 풀 섶에 두었다가 아직도 컴컴한 밤에 한 두 개씩 씹어 먹는데 웬 질긴 것이 감지되어 플래시로 비쳐보니 지렁이가 김밥 속으로 파고 들어있었다는 박 사장, 어신이 없어 무료히 앉아 있다가 갑자기 찌가 곤두박질하여 붕어 한수 걸어 올리다가 바로 코앞에서 놓치자 물속으로 얼굴과 윗몸까지 집어넣어 놓친 붕어를 손으로 잡아 번쩍 올리던 최 부장, 한밤중 낚시터로 달리던 도로가로 펼쳐진 저수지를 가리키며 저곳에서 며칠 전 월척을 잡았다고 자랑하더니 돌아오는 대낮에 보니 저수지가 아니라 드넓게 펼쳐진 비닐하우스란 걸 확인하고 요절복통하던 친구들 등 그 낚시추억은 이야기하자면 끝이 없다. 아래의 졸시拙詩 또한 그 젊은 시절 낚시 추억 중 건진 한 편이다.

소낙비

졸고 있던 저수지
소낙비에 놀라 잠깨어
빗줄기 튕겨 올리느라 야단법석

수초 속 숨어
엿보던 빨간 찌는
붕어입질 놓칠까 안절부절 못하고

먹구름 벗어난
산 너머 해를 쳐다보며
그 소낙비 맞고 있는 저 꼬락서니

담금 술 이야기(1) - 강변 집

나의 술 담그기 시작은 지난 1986년 7월 중순경부터였으니 벌써 햇수로 35년이나 된다. 낚시를 좋아해 주말이면 전국 강이며 저수지 그리고 수로를 찾아다니다가 고향근처 남한강변에 허름한 황토 집을 사들이고 그 집에서 걸어서 5분 거리 되는 곳의 좋은 낚시터에 나의 고정낚시터 말뚝을 박고 나서 부터였다. 그 당시만 해도 낚시금지 구역이 아니었고 옥천면 쪽 용문산계곡 맑은 개울물이 흘러와 남한강으로 유입되는 자리에 형성된 조그마한 그 낚시터는 수초로 뒤덮여있어 낚시꾼들은 찾아볼 수 없는 지역이었는데 내가 수초 구멍으로 낚시 바늘을 넣어 황금빛 붕어를 그것도 준척과 월척을 끌어올린 새비를 보고 결국 그 근처 황토 집을 사들이게 된 것이다. 그래 결국 그 붕어들이 내 눈을 사로잡아 강변 집을 사서 함께 놀자고 한 꼴이 되고 만 것이다.

그리하여 이 강변 집은 주말이면 내가 운영하던 회사직원들이나, 나의 오래된 거래선 낚시친구들, 그리고 나의 네 아들과 아들들의 친구들로 북적이기 시작했고 주말을 뺀 다른 날들은 아버님과 어머님이 내려오시어 주무시며 주변 텃밭에 채소며 밭곡식을 심어 기르시게 되었으며 고향 근처라 집안 어른들 모임 터가 되었으며 이곳에 하루도 없어서는 아니 되는 것이 술이었던 것이다.

그래서 나의 담금 술의 역사가 시작된 것인데 마침 어머니께서 큰독 두 개가 있으니 필요하면 갖다 쓰라하시기에 봉고차로 싣고 내려와 뒤꼍에 파묻고 쑥 술과 칡 술을 한가득 담았던 것이다. 이 독 중 하나는 얼마나 큰지 5리터 담금 술병으로 50병도 더 들어가는 독이라 술을 거의 다 마셔 술을 뜰 때는 파묻은 독 속으로 얼굴을 드려 밀고 표주박으로 팔을 길게 뻗어야 바닥 술에 닿을 정도였다.

이 강변집 앞으로는 남한강물이 흘러가지만 뒤로는 기차 길이 있고 그 기차 길 위로는 가파른 산으로 둘러싸여있어 여름철 쑥은 지천일 뿐만 아니라 괭이 하나들고 늦가을 산을 오르면 예저기서 칡넝쿨들이 어서들 캐가라 손짓하고 땀들 조금 흘리면 다리통보다 더 굵은 칡뿌리를 끌고 하산할 수 있었던 것이다. 술을 담그고 한 10달 후면 마시기 시작하는데 소태같이 쓰디쓴 술도 몸에 좋다하니 잘들도 마시고 그렇다고 그 술들 마시고 탈났다는 사람도 없었다. 공기 좋고 물 좋고 또 소주잔으로 5잔 이상은 금주로 주법酒法을 규정하였으니 탈이 날 수 없었기도 했지만 5잔 이상 마시면 정신을 잃게 된다는 경험을 그들은 한번 씩은 당해본 터라 정한 규정을 다들 인정하고 따라주었던 것이다.

술은 철따라 거르는 일 없이 담가 떨어지는 적 없었고 새로 사다 심은 울안의 매실, 앵두. 살구, 모과 등 과수들은 무럭무럭 지라 열매를 맺기 시작했고 가을이면 울 밖의 대여섯 대추나무는 빨갛게 익은 대추알들로 꽃나무를 이루었고 강변 집 봉당과 낚시터에서의 추억은 갈피갈피 내 가슴속에 차곡차곡 쌓여져 갔던 것이다.

강변 집 대문 바로 밖 복사나무는 꽃피는 봄날 연분홍 꽃이 얼마나 고왔으며 한여름 발그레 익어가는 복숭아는 얼마나 탐스러웠던가. 또한 모닥불 피워놓고 돌아가며 강물에 띄워 보내던 노래며 뒷산에서의 소쩍새 소리는 얼마나 애틋한 감성을 주었던가. 이러한 자연 속에서 마시는 담금술 맛은 또한 얼마나 흥취를 돋아주었던가. 특히나 칡 술은 또한 나의 젊은 시절로 부터의 축농증까지 나도 모르게 완치시켜주었으니, 그리하여 맡지 못하던 장미꽃향기도 맡을 수 있게 해주었으니 이야말로 꿩 먹고 알 먹고 도랑치고 가재 잡는 격 아니었던가.

그러나 그 누가 알았겠는가. 갑작스레 국도확장작업으로 내 강변집이 헐려나갈 줄을. 이리하여 나는 이 강변 집을 사들여 추억을 쌓아 온지 7년 째 되는 해인 1993년 5월 4일 이 강변 집을 떠나 마침 아버님께서 장만해 놓으셨던 지금의 이 농장 터, 바로 이 강변 집에서도 멀찌감치 올려다 보이는 산자락 밑으로 옮겨가게 되어 그곳에 미리 농막과 원두막을 짓고 강변집의 살림살이와 심어 기르던 나무들을 옮겼을 때도 내가 직접 조심스레 옮긴 것은 그 큰 술독 두 개 였던 것이다.

담금 술 이야기(2) - 농막

호마의북풍월조남지胡馬依北風越鳥南枝
북쪽에서 온 말은 북풍에 기대이고
남쪽에서 온 새는 남쪽가지에 둥지를 튼다.

하도 글귀가 마음에 들어 어느 책에서 베껴놓은 글이다. 이렇듯 짐승들도 고향을 그리워하거늘 사람이야 더할 나위 없이 고향을 잊지 못하고 그리워하는 것은 인지상정이 아니겠는가. 내가 낚시터를 고향 근처로 잡고 강변 집을 구입한 것이나 아버님이 살아생전 답사를 하시며 고향근처에 사후만년유택을 준비 하신 것이나 마찬가지 마음에서 기인한 것이라 하겠다. 결국 아버님께서는 이산저산 답사를 하시다 2곳을 마련하시고 나서 좀 더 좋은, 좀 더 고향에서 가까운 향교 옆 산자락으로 가시여 잠들고 계시어 그 2곳 중 하나인 이곳이 결국 나의 농장으로 변하게 된 것이며 국도확장공사로 강변 집이 헐려져 어찌할까 궁리 끝에 이곳을 내 여생의 삶의 터전으로 잡게 된 것이니 이 모두 오늘날의 결과가 고향에서 기인됨이 아니겠는가.

국도확장공사로 헐려버린 그해 그간에 강변 집에서 심어 기르던 나무들을 이 농장으로 옮겨 심었고 삼면이 산자락 밑으로 되어있는 땅의 정지작업을 시작하였고 전기공사도 했고 깊이 돌을 뚫어 지하수도 끌어 올렸고 자그마한 연못도 하나 만들었다. 그리고 그 다음해 봄에 여러 가지 관상수와 과수묘목들을 수백 그루 사다 심었으며 예쁜 원두막과 농막을 세우고 본격적으로 채소와 밭농사를 시작하였으니 여기에 어찌 술이 없을 수가 있었겠는가.

원두막과 농막 뒤는 바로 산자락과 이어져 있는데 바로 이곳에는 샘터가 있었으며 키 큰 오리나무 한 그루가 하늘을 가리고 있어 그 나무 밑에다 강변 집에서 옮겨온 술독들을 파묻고 칡과 쑥 매실 복사 술을 담그기 시작한 것이다. 결국 이렇게 해서 강변 집에서 배운 농사일이, 자연과의 삶이 이어졌으며 또 얼마 안가서 근처 모든 강에서의 낚시금지가 시행되어 낚시는 그만두게 되고 오로지 땀 흘려 일한 후 술독에서 표주박으로 술 한 잔 떠 마시는 재미로 하루해가 짧아진 나날들을 보내왔던 것이다.

아내와 함께 주말이면 내려와 2,3일간 농막생활을 해온 자연과의 행복한 삶의 세월은 어느새 금년으로 14년째나 되었다. 내 나이 50중반에 시작된 반 전원생활이 나의 나이를 눈 깜짝할 새에 70으로 바꾸어 놓은 것이다.

그 동안 강변 집에서 옮겨온 나무들과 묘목시장에서 사다 심은 나무들은 우람한 나무들로 자랐고 철따라 과일들은 주렁주렁 열려준다. 그중 강변 집에서 옮겨온 모과나무, 매실나무, 살구나무들은 바로 멀찌감치 바라보이는 강변집터 뒷산과 그 앞을 흘러 이쪽으로 산허리에 모습을 가리며 서울 쪽으로 흘러가는 남한강줄기에 연민의 향수에 젖어 가지들을 흔들어댄다. 나 또한 이따금 강변 집 쪽을 바라보며 지난날 함께 모여 담소를 나누며 즐거웠던 옛 동료들과 이미 저세상으로 가신 부모님과 친척어른들을 그리워한다. 그리고 이곳에서 가까운 부모님 산소 하늘 위 고향 쪽으로 흘러가는 흰 구름 보며 고향도 그리워한다.

이 농장으로 옮기고 나서부터 그 많던 친구들이며 친척들은 나타나지 않게 되였으며 물론 낚시친구들도 없어졌고 유일한 나의 대화대상자는 나의 아내와 농장 관리인 전 노인과 이 농장 입구에 살고 있는 김 노인뿐이다. 전 노인은 나보다도 10살이나 나이가 많은 분으로 나이50대부터 내 아내 공장에서 공장장으로 일하던 분으로 지금 나이80인데도 아직도 전생에 그 무슨 깊은 인연이라도 있었는지 떠나지 않고 지금도 그때의 그 직함 그대로 공장장으로 불리며 농장관리 일을 보고 있는 것이다. 자연스레 술친구는 내 아내를 제외하고 세 노인으로 되어있으니 하루 종일 고된 일들 끝내고 저녁노을 질 무렵이면 키 큰 오리나무 밑 샘물터 술독 앞으로 모여드는 것이다.

서당 개 10년이면 풍월도 읊는다더니 나야말로 술 담그기 시작한 것이 강변 집에서 부터였으니 금년까지 21년째가 된다. 강산이 두 번이나 변한 그 긴 세월 농장에서 나오는 갖가지 과일과 둘러싼 산에서 캐온 여러 가지 약초로 술을 담갔으니 아마도 웬만한 주조공장 기술자가 이미 되어있는지도 모르겠다. 그러나 나는 결코 젊어서부터 폭주가 와는 거리가 먼 애주가라 자처하며 실천하여 온 터라 술독에 빠질 걱정은 없었다. 그리하여 농장에서 자연과 함께한 나의 삶은 나에게 첫 번째 시집 〈인생의 주름에 섭혀진 꽃잎들-318편〉을 선물해 준 것이다. 36년간의 고단했던 사업기간의 어둠은 사라지고 자연의 순수함은 내 마음을 밝고 맑은 샘물로 승화시켜 많은 시들을 잉태해 주었던 것이다.

꽃향기와 술 향기

내 서재 창가에는 여러 가지 유리 술항아리들이 속을 내다보이며 횡렬로 들어서있다. 겨우내 가보지 못하는 농장이지만 농장의 과일들은 겨우내 나와함께 지내는 동안 어느새 한 돌을 맞이할 날들을 가까이 바라보고 있다. 한 돌이 되면 유리항아리속의 과일들은 술이 걸러지고 건더기들은 테라스화단이나 텃밭으로 가서 비료로 되어 제 할 일들을 마무리 하게 되고 그 항아리 속에는 또 새로 따온 농장의 과일들로 채워져 또 한해 겨울 이야기를 나누게 된다. 봄부터 늦가을까지의 일터이기도 한 농장을 한겨울 못가는 나의 텅 빈 마음을 그나마 달래주는 건 오로지 저 유리항아리 속 과일들의 모습들이다. 하기야 내 농장이 저 과일들의 고향이니 저 과일들도 나처럼 제 고향을 그리워 할 것만 같다.

벌써 3월도 중순을 넘어 하순으로 접어들었다. 지금쯤 매실 꽃

몽우리들은 발그레 얼굴들을 내밀고 꽃피울 준비를 하고 있을 것이다. 넉넉잡고 두 달 후면 탐스러운 청매실들 알알이 조랑조랑 매달고 있을 것이다. 그리하여 금년 겨우내 유리항아리 속을 채워줄 것이다. 그리고 산수유 꽃은 이미 노랗게 피워 늦장부리는 홍매실과 복사꽃 그리고 자두 앵두꽃들을 잠에서 깨워줄 것이고 다 함께 다투어 꽃 자랑 부려 벌 나비들 불러 열매들 맺기에 정신들 없을 것이다. 제일 늦게 피는 모과 꽃은 꽃이 열매에 비해 너무 작지만 그 연보라꼬맹이 작은 꽃송이는 앙증스럽기도 하다. 그리고 뽕나무의 오디, 농막 뒷산의 솔방울, 빨간 찔레열매, 황국, 산수유, 칡 등, 이렇게 여러 가지 술항아리들이 겨우내 나와함께 농막 이야기를 주고받으며 또 다른 봄을 기다리는 것이다.

도대체 내 서재는 책을 읽고 글을 쓰는 곳인지 술을 만드는 술도가인지 나또한 헷갈리기도 한다. 그러나 즐겁기만 하다. 익어가는 술 색깔들도 다 조금씩 다르다, 그리고 향기도 독특하다. 어느 술 유리항아리인들 정이 안 든 게 없다. 이들이 내 곁에 있어 겨우내 못가 보는 내 농장이 내 곁에 함께 있어주는 것이다. 그러니 내 서재는 또 일 년 내내 농장이기도 한 것이다. 겨우내 몸은 공해에 찌든 도심 한복판에 있지만 내 마음만은 청정한 내 농장에 머물러 있는 것이기도 한 것이다.

이따금 내 서재를 처음 들어오는 분들은 진열 되어 있는 여러 가지 유리 술 항아리들을 보고 놀란다. 술 냄새에 취하고 하루 종일 마시고 싶을 텐데 어떻게 참고 견디느냐 의아해 한다. 그러면 나는 낮에는 술 냄새는 모르고 꽃향기만 맡고 저녁식사 때가 되면 저 술 항아리 속 과일들에게 오늘은 누구차례냐 물어보고 몇 년째

테라스 창고에서 숙성되고 있는 술들 중에서 그 술을 찾아와 아내와 함께 반주를 들 때에만 술 냄새를 맡는다고 대답해준다.

풋 잣송이 술

십여 년 전 어느 봄날, 아마도 식목일이었던 것 같은 그 어느 봄날, 나의 농장에서 그리 멀지않은 읍내에서 살고 있는 이종사촌 동생이 잣나무 묘목 30여 그루를 가지고 왔다. 마침 그날 새벽에 농장에 내려와 전 노인과 우리 두 내외 셋이서 강낭콩과 감자를 심고 있던 터라 하던 일 잠시 멈추고 이종사촌동생도 합세하여 농장을 둘러싼 산자락 경계선에 심었다.

그 후 발길이 잦지 않은 거리를 둔 산자락 밑에 심은 잣나무들은 풀 섶에 잠겨 삭아 없어지고 병들어 죽고 하더니 그래도 농막 근처에 심었던 잣나무들은 농막을 드나들며 볼 때마다 낫으로 가지치기도 해주고 기어오르는 칡넝쿨과 찔레 덤불 등 잡초들을 베어내 주었더니 그런대로 비실비실 생명을 유지해오더니 재작년부터는 이제야 뿌리를 제대로 내렸는지 무럭무럭 자라기 시작하여 가지들을 넓히고 키들도 부쩍부쩍 하늘로 치솟더니 드디어 금년 봄 살아남은 9나무 중 3나무에 잣송이 30여 개가 열려 나로 하여금 놀라게 하고 기쁘게 해 주었던 것이다.

그러나 기쁨도 잠시 나는 여태껏 해 보지 않았던 새로운 걱정에 휩싸이게 되었으니 그것은 저 얄미운 청설모 때문이다. 내 농막에 바로 이어져 있는 뒷산 자락에는 잣나무가 10여 그루가 있는데 마침 오늘 아침 그 산주인이 올라왔기에 금년 처음 열린 나의 잣나무의 잣송이들을 보여주며 자랑을 했더니 이 노인 껄껄 웃으며 한다는 소리가 〈내가 여기 잣 따러 온 거 본 적 있어요? 저 잣나무 주인은 내가 아니라 저 청설모들이예요. 이 나무에서 저 나무로 새보다 더 빨리 날아다니는 놈들을 어찌 당할 수 있어요. 맘 편하게 잣일랑은 잊어버려요.〉 라는 말을 남기고 내려가는 것이었다.

여지까지 나는 농막 뒷산의 이 잣나무들은 하도 나이가 많아 열매가 못 열리는 걸로만 알고 지내왔는데 청설모라니 하며 그 잣나무 숲 밑으로 가보았다. 가보니 익지도 않은 작은 풋 잣송이들이 예저기 떨어져 있어 하나를 집어 들여다보는데 갑자기 나무위에서 찍찍하는 소리가 나 올려다보니 웬 족제비처럼 생긴 꼬리 긴 짐승이 나를 노려보다가 내가 악! 하고 소리 지르니 앉았던 나뭇가지에서 거리가 꽤나 되는 건너편 나뭇가지로 새처럼 날아가 앉아 또 나를 노려보고 있는 것이었다. 분명 여기에도 놈들의 가족이 있을 터인즉 저놈이 오늘 이곳을 지키며 감시를 하고 있는 중임에 틀림없을 것이라는 생각이 들었다. 놈들이 지금은 이곳 잣나무들이 있으니 이곳을 지키며 어린 잣송이 달린 가지조차 저렇게

싹둑싹둑 잘라 내리지만 머지않아 내 잣나무에도 내려와 그럴 것이 분명할 뿐더러 이 가을 잣들이 익으면 모조리 따다가 저들 소굴에 넣고 겨울 양식으로 삼을 것이 분명하니 나또한 그 잣나무주인처럼 포기해야만 할 것인가.

여기까지 생각하다가 문득 떠오르는 얼굴이 있으니 그 잣나무 묘목을 가져와 함께 심어준 이종사촌동생이었다. 이 잣송이열리면 술을 담아 익으면 전화할 테니 꼭 와서 함께 마시자고 했던 그 생각도 나는 것이다. 그리고 또 몇 년 전 마셔본 그 풋 잣송이 술 맛도 새로워지는 것이다. 그날은 강변 집에서 텃밭을 가꾸고 난후 역전에서였다. 웬 중년되는 사람이 엄청난 짐을 내려놓고 기차를 기다리고 있었다. 그래서 옆에 있던 내가 뭔데 그리 무거운 짐을 지고 가느냐고 물으니 풋 잣송이인데 술 담으면 아주 좋다고 지금 청량리시장으로 팔려가는 길이라 했다. 그때 옆에 있던 아내가 돈 5천원어치를 사다 담아 2년 후에 마신 그 술맛도 생각난다.

그리하여 나는 결론을 내렸다. 나또한 그 산자락 잣나무 주인처럼 청설모는 이길 자신이 없다. 내 나이에 사다리를 타고 오를 수가 있나. 매일 지켜 볼 수가 있나. 다른 나무들은 다 저 얄미운 청설모에게 양보하고 단 내 이종사촌과의 약속은 지켜야하니 처음 새로 열린 저 풋 잣송이 30여개만은 꼭 지켜보다가 한 달쯤 후 좀 더 커지면 따다가 술을 담아야겠다고 결론을 내렸던 것이다.

그러고 나서 한 보름 지나고 난 오늘 내려와 서둘러 잣나무 밑으로 와 처다 보니 이게 웬일인가! 풋 잣송이들이 이제는 탐스럽게들 자랐고 한 달 전 본30여송이 그대로 있으니! 설마 저 얄미운 청설모들이 내 아까운 다른 나무들 잣송이들은 모두 저들에게 양보한 걸 알아차리고 저들도 고마운 생각에 이 잣나무 첫 수확은 나에게 양보한 게 아닐까. 놈들도 이심전심으로 내 마음 알아차린 건 아닐까 별별 생각 다하며 잣송이들을 따기 시작한다. 농막 뒤 산자락 잣나무들 키보다 반밖에 안 되니 사다리도 필요 없어 과일 따는 장대가위로 풋 잣송이들 따면서 콧노래까지 부른다.

매실식초

이 아침 아내가 나에게 내 서재 서쪽창가에 자리 잡고 노란 매실들을 잔뜩 품어 안은 채 멀리 삼각산 능선들을 바라보고 있는 동그란 유리항아리를 마루로 내다 달라한다.

〈왜 그래 그 술 아직 익지도 않았는데〉 하고 말하니

〈그건 술이 아니고 매실식초예요. 당신은 그저 술밖에는 모르는군요. 오늘 식초 거를 테니 점심냉면에 넣어 들어요.〉 한다. 아니 이럴 수가! 작년 7월부터 이제까지 반년동안이나 저 자리에서 해질녘 노을을 담아 내 입맛을 돋으며 침을 삼키게 하던 저 유리항아리 속의 액체가 술이 아니라 식초였다니! 서운하고 허전하지만 어쩌겠는가. 무거운 매실식초 유리항아리를 들고 베란다로 나가 아내에게 인계해준다.

아내가 매실식초 거르는 걸 본다. 노란 매실들이 약간 쪼글쪼

글해졌지만 아직도 싱그럽다. 아내가 작은 스푼으로 걸러낸 식초를 떠서 주면서 〈이 매실식초 맛 좀 봐줘요. 나는 식초라면 질색이니까〉라고 말한다. 나는 아내가 내미는 식초를 한입에 넣어 맛을 보며 〈아유 시어! 이거 진짜 식초 맞는데. 당신 특허하나 내지 그래〉 하며 치켜세워주었더니 〈특허 좋아하시네요. 티브이에서 본걸 한 번 해 본 거예요〉 한다.

아내가 부엌으로 가더니 자그마한 칼 두 개를 내 오더니 걸러낸 매실들 씨를 발려 달라고 한다. 씨를 발려내고 남은 건더기로 고추장에 버물려 반찬을 하면 맛있다고 한다. 한 개를 골라 입안에 넣고 씹어보았다. 상큼하니 맛이 좋다. 아내의 말대로 고추장에 버무리면 신맛도 덜할 것이고 또 지병인 당료로 단 것을 들지 못하는 남편을 배려해주는 아내가 오늘따라 고마워지는 것이다.

5월말부터 6월초까지 농장에서 따오는 푸른 매실들은 거의가 매실효소와 매실 술을 담근다. 그리고 6월 15일까지는 매실나무들이 무성한 잎들로 숨겨 기른 매실들은 씨알들이 커지고 노랗게 익어 땅에 떨어지고 가지 위 노란매실들도 우리들 눈에 띄어 줍기도 하고 또 긴장대로 따기도 하는 것이다. 6월 15일쯤 지나면 땅에 떨어진 매실들도 다 상해버리는 것이다.

생각해보면 이 노랗게 익은 매실들은 매실나무들이 자신들의 후손들을 이어가기위한 필사의 노력의 결과가 아닌가 여겨진다. 덜 여물었거나 적당히 여물었을 때 자기들 길러준 주인에게 다 따가게 하여 보은을 하고 그 중 일부를 가지와 무성한 잎들로 가리고 숨겨 땅에 떨어트려 종자 씨로 하려는 자연의 위대한 섭리를 따르는 게 아닐까 하는 생각이 드는 것이다.

나는 아내에게 식초를 걸러낸 유리항아리를 달라하여 건네받았다. 우선 유리항아리를 나의 서재로 들고 와 제자리인 삼각산 능선들이 내다보이는 창가에 자리 잡아주고 나서 또 테라스 한 쪽에 있는 창고로 가서 작년에 걸러내어 술병에 담아 놓았던 5리터짜리 매실술병 3개를 가져와 그 유리항아리에 부었다. 그러고 나니 이제야 해질녘 노을이지면 유리항아리 속 붉은 노을 술을 마실 수도 있겠구나 생각하니 허전하던 마음이 새로운 활력으로 채워지는 것 같다.

6부

아버지 감나무

아버지 감나무

농장에서 감을 딴다. 늘어진 얕은 가지의 감들은 감나무 한 바퀴 돌며 손으로 따고 높은 가지 감들은 긴 장대가위를 줄였다 늘였다 조정해가며 딴다. 긴 장대 가위로도 못 따는 꼭대기 감들은 까치밥으로 남겨준다. 까치들도 오늘 감 따는 걸 알고 바로 앞 산자락 키 큰 도토리나무로 몰려와 자기들 몫을 남겨놓으라고 깍깍거린다.

여름내 무성한 잎들로 숨겨 길러 감이 많이 열린 걸 모르고 지내왔는데 늦가을이 되니 잎들 낙엽 져 떨어지고 푸르던 감들도 이젠 모두 노란색으로 변하여 몸매들을 들어내니 금년 가을감은 풍년든 걸 이제야 실감한다.

노란 감을 따는 감나무가지와 낙엽 진 붉은 감잎들 사이로 파란 하늘이 보인다. 파란하늘에는 흰 구름이 떠 있다. 그런데 보이는 또 한 분이 계신다. 감나무 굵은 가지 위에 아버님의 얼굴이 보인다. 부지런히 감을 따고 있는 이 아들을 환하게 웃으시며 내려다보고 계신다

이 감나무는 아버님이 심어주신 감나무다. 나는 아버님이 살아계신 듯 말씀을 드린다.

〈아버지 고맙습니다. 금년에도 감을 많이 열리게 해주셨군요. 이제 저도 나이 들어 곶감 만드는 방법을 배웠어요. 집에가 곶감 만들어 아버님 어머님 차례 상이나 제사상에도 올려드리고 또 아버지께서 그 옛날 전농동 집 감나무에서 감을 따서 곶감 만드시어 손주들에게 칭얼댈 때마다 숨겨두셨던 벽장에서 꺼내 주셨듯이 저도 아버님의 증손주들에게 나누어 줍니다. 아버님.〉

이 감나무는 원래 우리가족이 전농동 집에서 살고 있을 때 아버님이 묘목시장에서 사다 심으신 나무다. 그때 전농동 집 남쪽 조그만 마당 한편에도 2층 옥상 높이까지 뻗어 올라 자란 감나무 한 그루가 있었는데 아버지께서는 또 아버님과 어머님이 기거하시던 방 동쪽 창가에 이 감나무를 심으셨던 것이다. 그런데 이상하게도 아버님 돌아가시던 그해 굵은 감11개가 먹음직하게 익었는데 아버님은 그 감을 잡숴보시지도 못하고 돌아가셨고 그때 우리 남은 식구가 공교롭게도 11명이었던 것이다. 그때 어머님은 아버지가 우리들 먹으라고 11개를 열려주셨구나 하시던 그 말씀이 지금도 기억에 생생한 것이다. 그런데 우리식구는 그 전농동 집을 팔고 구리시 아파트로 이사를 하게 되어 남쪽마당가 큰 감나무는 하도커서 그냥 놔두고 아버지가 심으신 이 감나무만 캐가지고 상계동공장으로 옮겼는데 또 이 공장에 건물을 짓게 되어 부득

이 또 이 드넓은 농장으로 옮겨 심어 오늘에 이르게 된 것이다.

아버님 돌아가신지 어느새 17년, 그러니까 이 감나무나이도 그새 22년 이상이 된 것인데 2번이나 옮기는 고통에 처음에는 근근이 생명을 유지해오다가 몇 년 전부터서야 눈에 띄게 부쩍부쩍 자라더니 오늘처럼 늦가을이 되면 이삼백 개의 감을 따가게 해주는 것이다. 나와 함께 20여 년 함께 살아온 감나무, 아버님이 심어주시어 나에게 넘겨주신 이 감나무, 비록 하나의 식물에 지나지 않는 존재라 하지만 나에게는 아버님에 대한 추억과 그리움을 주고 있는 존재이니 이 얼마나 소중하고 고마운 나무인가. 지난 2006년 발간한 나의 첫 시집에 게재되었던 시 한 편 〈아버지 감나무〉를 들추어 읽어본다.

아버지 감나무

농막 앞
도랑가의 감나무
아버지감나무

전농동 집 창가에 심어주고 가신 후
두 번이나 옮겨 예까지 온
긴 세월 속의 아버지 감나무

봄날 노란 감꽃들 필 때나
여름날 초록색 감들 자랄 때나
가을날 오늘처럼 황금빛 감들 딸 때나

어느 가지 위 앉아라도 계신 듯
올려다보며 불러보는
아버지

대추나무(1)

내 마음에 고향 대추나무로 가는 연줄이라도 걸려있는지 고향을 생각하거나 고향이 그리워질 때면 내 마음은 내 고향 마당 옆 대추나무로 날아와 걸터앉는다. 대추나무에 걸터앉아 고향을 한 바퀴 돌아보면 남쪽 농다치고개는 숲으로 가려 보이지 않고 동쪽 유명산으로 넘어가는 서너치고개는 더더욱 짙은 산림山林으로 가려있고 북쪽 높다란 중미산으로 올라가는 새매기 고개는 아예 중미산 자락으로 녹음에 몸을 숨겨버렸고 다만 숨통이 트이는 곳은 서쪽 뾰족한 골무봉 우측으로 콸콸 물소리를 내면서 서정면으로 흘러가는 계곡으로 인해 넓게 내려다보이는 하늘의 노을 진 구름이다.

이토록 삼면이 산으로 둘러싸인 첩첩산골, 민가라야 6.25전쟁 바로 전 만 하더라도 열 댓집이 뜨문뜨문 떨어져 있어 밤중에 이

웃집으로 말을 갈 때면 송진나무에 불을 붙여 오솔길 걸어 오르려면 토끼며 노루며 놀라 도망들 치곤 하던 그곳, 그 고향집의 앞마당 옆 디딜방앗간 앞에 서 있는 그 대추나무 한 그루, 이 대추나무가 도대체 뭐 길래 내 마음에 연줄을 매달고 끌고 당기고 한단 말인가.

걸터앉은 대추나무에서 매미가 운다. 매암매암 울다가는 날아가고 또 날아와 울고는 한다. 한꺼번에 두세 마리가 운다. 시끄럽다. 귀가 멍멍하다. 그렇다. 바로 이 매미소리가 나의 마음에 연줄을 달아 이 대추나무에 걸어놓고 나를 불러오는 것이다. 매미소리는 산간을 울려 들판에서 김을 매고 계시던 젊은 시절의 어머님, 뒷산 밤나무 숲 옆 밭에서 소를 몰며 밭갈이 하시던 아버님과 백부님 그리고 디딜방앗간에서 방아를 찧으시며 도란도란 이야기 나누시던 백모님과 당숙모님, 이웃집이 친척이었던 그리운 이 모든 분들의 얼굴들 또한 나에게 불러다 주는 것이다.

그나 그뿐이랴 조선말경 나라에서 사헌부감찰벼슬을 지내시고 노년을 이곳 첩첩산골로 내려 오시여 이곳 시거조始居祖가 되어주신 나의 5대조모님과 그분의 후손들이신 이산저산에 잠들어계신 나의 조상님들 소식 또한 저 매미소리가 전해주는 것이다.

이 대추나무 밑에는 어른 셋은 누워도 되는 아주 크고 평평한 바위가 하나 놓여있다. 증조할아버지께서 이 대추나무를 심으셨다고 하는데 아마도 심으실 때 이 큰 바위 옆에 심으셨을 꺼다. 그래서 내가 어렸을 때도 이 바위 위에 올라 대추나무로 기어오르는 것을 배우게 되었을 것이다. 집안 어른들은 다 밭일들 나가시고 집에는 중풍으로 몸져누우신 증조할머니와 집 빵 둘러 놓인 벌통들에서 벌들만 윙윙거리며 들락날락 할 뿐이고 6살 되던 어린 아이였던 나만이 대추나무에 걸터앉아 왕복 20여리 밖 초등학교에서 짚신 신고 동네 몇몇 아이들과 함께 아침 일찍 학교에 간 누나가 언제나 오나 대추나무위에서 골무봉 비탈길을 내려다보며 기다리고 있는 것이다. 왜냐하면 이 어린 아이에게 말동무 해주는 사람은 누나밖에는 없었으니까.

나의 첫 번째 시집에 게재했던 시 〈향수〉가 생각난다.

향수鄕愁

한 마리 포르르 날아와 울다 가면
또 한 마리 포르르 날아와 울었어요

매암매암 매암
암매암매 암매

고향하늘 매미소리 가득했어요
매미소리 고향산천 가득했어요

아이가슴 매미소리 물들었어요
파랗게 물든 가슴 안 지워져요

나이 들수록 매미소리 더 커져요
대추나무도 가슴속으로 옮겨왔어요

대추나무(2)

유년시절부터 고향집 마당 옆 대추나무에 추억의 꿈이 대추열매처럼 열리더니 그 후 오늘에 이르기까지도 대추나무와는 전생에 무슨 인연이라도 많았던지 그 사연도 지속되어 왔다. 오늘도 나는 이곳 나의 농장 과수원 한가운데 서서 대추나무 세 그루를 번갈아 바라본다. 전번 태풍 민들레에 가지들이 좀 찢겨 부러졌지만 그래도 괜찮은 편이다. 대추나무 가지에는 좁쌀 같은 열매가 열리기 시작했고 더러는 이제야 꽃을 피우고도 있다.

내가 이 나이 들도록 이렇게 대추나무들을 빼놓지 않고 기르고 있는 것은 유년시절의 어렴풋한 추억뿐 아니라 초등학교5학년 겨울방학 때 농갑내기 외사촌동생과 지평고술이라는 곳에 살고 계시던 큰이모집을 방문 했을 때 울안에 빵 둘러 서 있던 대추나무들이 퍽이나 부러웠던 일이며 며칠 놀다 돌아올 때 큰 이모님이 호주머니 가득 넣어주시던 그 대추알들을 지금도 잊지 못하고 있으며 그 후 또 나이 들어 강변 집을 마련하고 주말마다 낚시 다닐 때는 남한강이 내려다보이는 강변 집 울안 돌 식탁 옆에도 대추나무 한 그루가 제철이 오면 붉게 익은 씨알 굵은 대추를 가지마다 잔뜩 매달고 안주 감으로 기다려주는 것이었다. 더욱이 강변 집에는 이 대추나무 말고도 대문 바로 밖 도랑가에도 아주 큰 대추나무가 두 그루나 있어 대추가 열려 익을 계절이 오면 친척들도 몰려와 따가기도 했던 것이다.

많은 세월이 지나가니 대추나무 추억만 남고 대추나무와 정다웠던 많은 분들이 더러는 세상을 떠나셨고 더러는 어디에 가서들 살고 있는지 소식도 없기도 하다. 내 나이 10살쯤 되던 해 외사촌 누이동생과 둘이서 처음으로 호랑이가 나온다는 두메산골 이모댁을 찾아가 이종사촌형과 썰매를 타거나 개울에 가서 망치로 돌을 때려 물고기를 잡아 집에 오면 이모께서는 내 호주머니에 대추알 가득 넣어주시고는 했는데 그 다음해 6.25전쟁 때 돌아가셨다 하고 강변 집에서 대추를 따시며 즐거워하시던 내 부모님, 재당숙님, 숙모님 다 돌아가시고 며칠간을 날밤새며 작업을 하여 부산으로 가는 컨테이너에 물건을 실어 보낸 후에 모처럼 강변 집에 모여 대추나무 밑에서 노래하며 춤추며 피로를 풀곤 하던 회사와 공장직원들, 그리고 낚시하러 오던 내 친구들, 이제는 모두 헤어져 어디에 가서 살고 있는지도 모른다.

아직도 가장 잊히지 않는 추억은 숙모님도 오시어 대추를 따던 날이었는데 내 아우와 큰 아들이 대추나무 위에 올라가 장대로 가지들을 때리며 흔들어대니 비 오듯 후드득 후드득 떨어지는 굵은 대추알들을 등과 머리에 맞으시면서도 〈맞아도 좋다. 많이만 떨어져라〉라고 하시던 말씀에 온 식구들이 모두들 깔깔 웃던 그 추억속의 모습들이다. 더욱이 일찍이 남편을 잃으시고 항상 우울해 하시던 숙모님이 그렇게 즐겁게 웃으시던 그 모습이 아직도 눈에 선한 것이다.

산수유나무들

아버님 돌아가신 그해 식목일 날 동생과 아들들을 데리고 묘목시장을 찾아갔다. 묘목시장에 가서 백목련, 적 목련, 감나무, 매실나무 등을 골라 사들고 떠나오려 하는데 어느 상점 앞에 여러 사람들이 몰려 무슨 묘목인가를 구입하고들 있어 그리로 가보니 바로 산수유나무묘목을 다발로 묶어 팔고 있었다. 그때까지만 해도 산수유나무를 모르고 있었던 터라 물어보니 그 주인이 말해주기를 이 산수유나무는 우리나라 꽃들 중에서 제일 먼저 피는 꽃이고 열매는 또 제일 늦은 초겨울에도 딸 수 있을 뿐더러 술을 담그면 그 맛 또한 좋을 뿐 아니라 건강에도 아주 좋다고 자세하게 설명을 해주는 것이었다. 그 말을 들은 동생도 아들도 무엇보다는 술들을 좋아하는 터라 다들 많이 사자고 하여 두 다발인 40그루의 산수유나무도 함께 사다 아버님 산소에 딸린 주변 밭에다 심어

드렸던 것이다.

아버님을 잃어버린 슬픔에 쌓여있던 나는 봄에 제일먼저 피는 꽃이 산수유 꽃이라는 말을 듣고 사다 심어드린 것이다. 긴 겨우내 봄을 기다리시는 아버님에게 제일먼저 피는 산수유나무의 노란 꽃을 피어드려 비록 무덤 안에서이지만 기쁘게 해드리고 싶었던 것이다.

심어드린 산수유나무 40그루 중 16그루가 살아남아 무럭무럭 자라며 이른 봄 개나리꽃이나 진달래꽃보다 훨씬 더 일찍 노란 꽃몽우리들을 활짝 피워 산소주변일대를 온통 노란 산수유꽃밭으로 뒤덮어 성묘를 가는 우리식구들이 도착할 때면 그 노란 꽃 숲에서 아버님도 활짝 웃으시며 반겨주시는 것 같았다. 그런데 이제 어머님도 돌아가시어 함께 계시니 두 분이 함께 웃으시며 반겨주시는 것이다. 노란색은 따스한 느낌을 준다더니 슬픔에 잠겨있는 우리의 마음을 달래주려 하시는지 저세상에 계시면서도 따스하게 반겨주시고는 한다.

더욱이 이 산수유나무들은 열매들도 열기 시작하여 봄부터 여름까지 녹색열매들을 잎 속에 숨겨 기르다 늦가을 되어 잎들 다 낙엽 져 떨어지면 열매들은 그간에 빨갛게 알알이 익어 봄날 노란 산수유꽃나무를 또 다른 늦가을에는 빨간 산수유열매꽃나무로 변신하여주니 이 얼마나 고마운 산수유나무들인가. 그나 그뿐인가. 이 빨간 산수유열매꽃나무들은 초겨울까지 부모님산소주변을 밝혀드려 부모님은 또 다른 기쁨을 갖게 되시는데 그것은 일 년 열두 달에 설날, 한식날, 벌초 날, 추석날, 해서 네 번만 성묘를 받으시던 부모님께서 이 산수유열매 따러오는 자손들을 여러 번 더

보실 수 있게 되었으니 부모님 또한 얼마나 기뻐하시겠나. 어디 부모님뿐인가. 부모님의 자손들인 우리 형제들이며 손주들이며 다들 몰려와 몸에 좋다는 이 산수유열매들 따다 술도 담가마시고 차도 끓여 마시고들 하니 생각할수록 그때 그 묘목시장에 가서 이 산수유나무들 사다 심기를 참 잘 했구나 하는 생각이 든다.

나의 5시집 〈화안한 웃음〉 에 게재한 시가 생각난다.

산수유나무

산수유나무들아!
너희들이 우리들보다
더 효자노릇 해드리는구나

이른 봄에는
제일먼저 노란 꽃피워
부모님 따스하게 해드리고

또 초겨울까지 여러 번
눈부신 붉은 산수유열매로
자손들 얼굴 더 보게 해드리고

마당가의 목련나무 두 그루

5층 테라스 담장가에 서서 저 아래 마당가에 어느새 목련꽃 몽우리들이 하얗게 꽃송이들로 터치고 있는 광경을 넋을 잃고 내려다보고 있는데 3살 박이 손녀딸이 소리도 없이 다가와 〈할아버지 뭘 봐요? 나도 보여줘요〉하며 바지를 끌어댄다. 손녀딸을 품안에 안고 담장에서 좀 물러나 목련나무를 가리키며 〈저 아래 저 하얀 꽃 몽우리들이 목련 꽃이란다〉 말해주었더니 〈할아버지 날 따뜻해지면 저 아래 내려가서 나랑 꽃구경해요〉 말하고 나서는 뭐가 그리 바쁜지 손녀딸이 마루 안으로 아장아장 걸어 들어가고 나서도 나는 또 계속 마당가 두 목련나무에서 눈을 떼지 못한다.

잎사귀들은 아직 나시 않았는네 꽃 몽우리들로 목련나무들은 삼각형으로 뾰족하니 하늘을 향한 것이 한 송이 꽃모양과 어찌 저리 닮았을까 신기하기도 하다. 뾰족한 수많은 꽃 몽우리들이 하늘을 향하여 합장하며 꽃송이들을 터트리고 있는 저 자연의 빈틈없는 섭리의 모습이 나를 경건케 하면서도 한없이 다정케도 해준다.

1994년 이 건물을 지을 때 묘목으로 사다 심은 저 목련나무가 10년 세월에 저렇게도 컸다. 내 나이 50대 중반 넘어 심은 목련나무들이 저렇게 내 키 5배나 큰 나무들로 변하여 해마다 봄이 오는 지름길목에 서서 봄을 기다리다가 제일먼저 하얀 목련꽃으로 봄소식을 확실히 보여주는 것이다. 내 수명 앞으로 20년 더하는 게 소망이라면 반백 년은 더 살아갈 수 있는 저 목련나무들은 우리 인간에 비하여 무엇이 더 부러울 게 있으랴하는 생각도 든다. 한자리에서 태평스레 제 나름대로의 깊은 선禪에 몰입했다가 깨어나곤 하는 저 목련나무들, 달 밝은 밤이면 하얀 달빛타고 하늘하늘 춤추고 별들 쏟아지는 한밤중이면 꽃 수술에 별빛 담고 별 꿈꾸는 저 목련나무들, 오늘따라 부러워지기까지 한다.

하지만 호사다마好事多魔라고 저 목련나무나 나에게나 어찌 꿈만 같은 낭만의 행복만 있겠는가. 저 목련나무나 내가 살고 있는 이곳은 도심 한복판, 사람은 공해에 시달려 자신도 모르게 병들어 가지만 그나마 도심의 공해를 감해주고 있는 저 나무들은 삭막한 도심 인심에 멍들어간다. 애써 겨우내 모진 추위 견뎌내고 탐스러운 목련꽃을 피워주건만 그 고마움을 찬양하는 사람은 드물고 오히려 꽃잎들 떨어질 때 슬퍼해주기는커녕 떨어지는 꽃잎들이 자기 집 뒤꼍에 떨어진다고 나뭇가지 잘라 달라 화를 내고 가을에 낙엽들 떨어지면 자기 집 차고와 지붕에 떨어진 낙엽들 치워 달라 역정도 내고 나무밑동을 아예 잘라버리라고 한다. 자기들 목숨은 애지중지하면서 나무들 목숨은 안중에도 없다. 이 찌든 도심에서 그나마 자기들에게 산소를 공급해주는 나무들에 대한 고마움은 알지도 못하고 알 자격도 없는 인간들이다. 더더욱 나를 서글프게 하는 것은 〈이 비싼 땅에 저런 나무를 심어 뭘 하느냐〉 하고 오히려 나를 바보로 조롱해비리는 그들의 비웃음인 것이다. 어찌 사람들 정서가 이리도 메말라 버렸나하고 나 혼자 속으로 개탄할 뿐이다.

나무여! 목련나무여! 올해에도 변함없이 지고지순한 너의 꽃송이들 보여주고 있는 내 사랑하는 목련나무 두 그루여! 진흙탕에서 피어나는 연꽃을 닮아 너 또한 삭막한 인심 아랑곳 않고 꽃을 피워주는 목련나무여! 내 너를 다정한 반려자로 여기는 한 너의 꽃은 내년이고 후년이고 계속 피울 수 있으리라!

두충나무

아내와 나는 지난 달부터 두충차를 마신다. 큰아들내외가 사다 준 사기주전자에 지난달 농장에서 파릇파릇 돋아나는 두충 잎들을 따다가 증기에 쪄서 말린 그 잎들을 넣고 뜨거운 물을 끓여 넣은 후 한 시간동안 기다렸다가 마시면 은은한 향기가 감미롭다. 마신만큼 또 뜨거운 물을 넣고 이런저런 일 하다가는 또 마시고는 한다. 그러다보면 나는 나의 농장 푸른 풀냄새와 산림들의 향기에 젖어 청량한 마음으로 하루를 보내게 된다. 그리고 부모님 산소에 심어 기르는 두 그루의 두충나무와 농장에 심어 기르는 세 그루의 두충나무들 또한 내 마음의 그늘이 되어주며 잔잔한 파문을 일으켜주며 생활의 리듬을 샘물처럼 돋구어준다.

부모님 산소 주변에는 여러 꽃나무들과 과일나무들과 더불어 두 그루의 두충나무가 있다. 이 두충나무를 이모님 댁에서 얻어다 심게 된 건 이 나뭇잎과 껍질이 당뇨에 좋다는 걸 오래전 아버님 살아생전 아버님께서 아버님친구와 말씀 나누시던 그 기억이 떠올랐기 때문이었다. 아버님 친구 분은 큰댁으로 가는 길목에서 상점을 운영하며 버스표도 팔고 있어 큰댁을 다녀올 때에는 버스표를 사야했기 때문에 아버지는 꼭 그 친구 분을 만나시고는 하셨던 것이다.

어느 날 그분은 아버님에게 두충나무 자랑을 늘어놓았던 것이다. 두충나무는 당이 높은 사람들에게 아주 좋은 약이라 하며 자기 집 울안으로 아버님과 나를 데려가 보여주며 두충나무 원산지는 중국이고 한국에는 1930년대에 일본 임업시험장으로부터 묘목 몇 그루를 기증받아 청량리 임업시험장에서 심어 가꾸고 있는 걸 하나 얻어다 심은 것이라며 자랑을 늘어놓았던 것이다. 아버님 옆에서 듣고 있던 나는 속으로 아버님도 당뇨로 고생하시는데 저 나무 가지하나라도 꺾어주지 자랑만 하다니 하고 섭섭했지만 아버님 앞에서 뭐라 말을 할 수는 없었다.

그 후 얼마 안 있어 아버님은 돌아가셨는데 결국 당뇨합병증이 그 원인이었다. 평소에 병원도 다니시며 당뇨치료도 받으셨는데 그리되신 것이다. 돌아가신 후 어느 봄날 아버님산소에 들려 주변에 활짝 핀 꽃들을 바라보며 아버님 그리워하던 중 아버님과 함께 큰댁에 다녀오다 본 그 두충나무가 불연 듯 생각나 곧바로 가까운 곳에 살고계시는 이모님 댁으로 가서 두충나무묘목을 5개나 얻어다 아버님산소에 두 그루를 심고 내 농장에도 3그루나 심었던 것이다. 이모님도 젊어서부터 당뇨가 심하여 넓은 정원에 두충나무 2그루를 심어 약용으로 기르시고 계셨는데 그 두충나무 밑동에서 봄이면 새싹들이 흙속에서 돋아나 묘목으로 나누어준다는 말을 직접 들은 적이 있어 찾아가 얻어다 심었던 것이다. 돌아가신 후에나마 두충나무를 심어드려야 마음이라도 편할 것도 같았고 나 자신도 아버지를 닮아 그런지 20여 년간 당뇨 치료를 받아오는 터이고 또 유전인자가 있을지도 모르는 아들들 걱정도 되었던 것이다.

하지만 마음만은 그때 부랴부랴 묘목을 얻어다 심을 그때였을 뿐 5년 전 심은 저 두충나무가 지금에는 내 키보다 두어 배가 크도록, 사는 게 무어 그리도 바빴던지 여지까지 한 번도 그 잎이나 가지들로 차를 끓여 마시거나 술을 담아 마셔보지를 못했다.

그런데 지난5월 어느 날 우연히도 티브이에서 두충나무 소개를 하는데 이 나뭇잎이나 껍질이 2000년 전 부터 강장제로 쓰여 왔으며 한방에서는 보약강장제로 쓰는 이외에 정기를 돕고 근골을 강장하게 하며 허리와 무릎 관절과 음습성을 다스리는데도 사용한다는 것이었다. 그런데 마침 아내가 금년 봄부터 퇴행성관절염으로 고생을 하고 있는 터라 이재서야 또 그 두충나무가 생각나 부모님 산소는 좀 멀고 하여 자주 다니는 농장에는 새로 전철역도 생겨 교통편도 편하여 이 봄날 파릇파릇 싱싱하게 돋아있는 두충잎들을 따다가 차를 끓여 마시기 시작한 것이다.

차를 음미하는 시간이면 부모님 잠들어계신 산소 주변 꽃나무들과 두충나무들이 눈앞에 떠오르고 농장입구 아래 논 제방 위와 연못가의 무성한 3그루 두충나무 잎들도 바람결에 실려 내 코 속으로 스며들게 해주는 것이다.

왕텡이 밤나무

농막 옆 산기슭에는 많은 밤나무들이 빽빽이 들어서있다. 올밤나무도 있고 늦밤나무도 있으며 굵은 밤을 열려주는 밤나무와 잔챙이 밤만 열려주는 밤나무 등 거의가 다 다르게 개개나무마다 특성을 지니고 있는 것이 우리네 인간들과 별 다름이 없는 것도 같다. 그중에도 특이한 밤나무 한 그루가 있는데 그 나무 이름을 마을 사람들은 왕텡이 밤나무라 부르고 있다. 아마도 수십 그루 밤나무들 중 나이가 제일 많은지 밑동은 한 아름이나 되고 거의 고목이 되어가는 데도 햇볕 잘 드는 명당자리를 차지하고 있어 그런지 아직도 하늘로 뻗어 올린 가지들의 기세는 다른 밤나무들의 배나 된다.

이 밤나무는 늦가을이나 되어서야 알밤들을 떨어트려주기 시작 하는 늦밤나무인데 벌건 알밤들이 떨어지면 외지에서 처음 오는 사람들은 좋아서 줍지만 이곳 마을사람들은 그 밤나무 밑으로는 아예 발걸음도 하지 않는다. 왜냐하면 이 밤나무가 떨어트려주는 알밤은 보기에는 아주 큰 왕밤인데 속을 발려보면 벌레들이 다 들어있는 것이다. 참 이상한 것은 방금 툭 소리 내며 떨어지는 왕밤을 주어보면 알밤들 한구석이 벌에라도 쐬어 그런지 벌려져있고 껍질을 벗겨보면 속에는 영락없이 벌레들이 자리 잡고 있는 것이다. 그래 한번은 알밤이 떨어지기 전에 풋밤송이 하나 따서 까보니 역시 이미 그 속에는 밤벌레가 들어있는 것이었다.

농막으로 올라오는 길목에 살고 있는 김 노인에게 물어보니 왕텡이라 불리는 왕벌들의 벌침에 맞아서도 그렇고 밤꽃이 필 때부터 왕벌들이 꽃에다 알을 낳아 이 알들이 깨어나 자라며 숨을 쉬게 되니 껍질들이 벗겨지는 게 아니겠느냐고 오히려 나에게 되묻는 것이었다. 그리고 김 노인은 계속 이어 말해주는 내용인즉 원래 이산은 심 씨네 종중산인데 한 30여 년 전 밤나무를 온 산에 심어놓고 가을철이면 밤 수확을 통해 문중자금으로 쓸 계획을 잡고 처음 몇 년은 이행을 했으나 10여 년 전부터는 문중에서 밤을 딸 인력도 없고 또 농약을 줄 수도 없고 인건비에도 못 미치는 밤 수확을 계속할 수가 없어 포기한 결과 가을철 알밤이 떨어지면 주인은 보이지 않고 마을 사람들과 외지인들만 들끓는다는 것이다. 그리고 이 왕텡이밤나무는 다른 밤나무들이 이곳에 오기 오래 전부터 이 자리에 있었다고 했다.

불현 듯 혹시나 저 밤나무 나이가 하도 많아 저 벌레들 이길 힘이 없는데도 온 기력을 다하여 그나마 알밤들을 떨어트려 주었는데도 우리네 인간들에게서 이토록 천대를 받고 있는 게 아닌가 하는 생각이 들며 측은한 생각이 들었다.

여기까지 생각이 미치자 바가지 하나를 들고 왕텡이 밤나무 밑으로 올라갔다. 왕텡이 알밤들은 나무 밑 여기저기 풀숲과 둔덕에서 주워가주기를 기다리고 있었다. 조금 검게 된 알밤들은 완진히 벌레에게 먹힌 것이라 그냥 두고 조금 윤이 도는 알밤들과 금방 떨어진 싱싱한 밤송이들을 들고 간 낫으로 까서 모으니 반시간도 안 되어 한바가지 가득 채워 농막 옆 식탁으로 가져와 밤을 까기 시작했다.

벌레 먹은 자리는 도려내고 보니 쓸 만한 것은 어느 것은 3분의 1이 되고 어느 것은 3분의 2가 되어 한바가지를 다 까고 나서 또 한 번 최종점검을 해보니 먹을 만한 밤은 3분지1이 되었다. 최종 골라놓은 한 조각 밤을 깨물어보니 다다닥 소리를 내며 향기로운 밤 맛이 다른 알밤들에 비해 조금도 손색이 없었다. 옆에서 거들어주던 아내가 이 밤들을 밥 짓는 솥 속 쌀 위에 얹어 밥을 지었다. 얼마 후 밭일 마치고 들어와 아내가 건네주는 왕텡이 찐밤 맛은 꿀맛 같았다. 늙은 왕텡이밤도 이렇게 아직은 제구실을 하고 있구나 하고 생각하니 나 역시 아직은 할 일이 있지 않겠나 하는 생각이 들어 나도 모르게 가슴이 트이는 것도 같다.

부모님 산소 아래 느티나무

아버님이 돌아가시고 나서야 아버님 살아생전 나의 불효막심을 뼛속깊이 느낄 수 있었고 아버님의 사랑을 온 가슴으로 깨닫게 되었다. 30대 초반에 운영하던 공장파산으로 아버님의 집조차 날려버리고 5일 장터를 전전할 때 이 못난 자식에게 단 한 번도 꾸지람 않으시고 판잣집이라도 마련하시어 식구들을 품어 안아주셨고 오히려 자식 기죽을까 격려 해주신 아버님, 그래서 이 못난 자식은 아버님 돌아가시어 잠드신 묘소나마 정성을 다하여 가꾸어 드린다.

아버님 돌아가신지 12년 되던 해 어머님 또한 아버님 곁으로 모시여 두 분 합장으로 계신 묘소에는 이른 봄부터 늦가을까지 꽃이 질 때가 없다. 이른 봄부터 산수유, 개나리, 진달래, 영산홍, 적 목련, 백목련, 모란꽃, 그리고 여러 가지 과일나무 꽃들 등 어머님 살아생전 좋아하시던 꽃들이 연이어 피워주고 늦가을부터 초겨울까지도 산수유 빨간 열매들이 산소 주변을 화안하게 밝혀 드리고 있다. 그러나 그 나무들 중에서 부모님이 가장 좋아 하실 나무는 아마도 부모님 산소아래 계곡 옆에 서있는 우람한 느티나무일 것이다.

키 큰 소나무들로 뒤덮인 산자락 밑에 자리 잡고 있는 묘소는 정남향이라 여름날 벌초를 해 드릴 때는 그늘이 없어 땀을 식힐 수가 없었다. 아버님 돌아가신 그해 식목일 날 800여 평이나 되는 산소주변에 수많은 묘목들을 심어놓고 그해 여름 벌초를 가서 그늘이 없어 땀을 뻘뻘 흘리며 잡초를 제거하던 중 산소로부터 50여 미터 떨어진 왼편 계곡 옆 둔덕에서 웬 느티나무 한 그루가 수십 개의 싹을 내밀어 잡초 속에서 자라지 못하고 있는 걸 발견했다. 그래 그중 실한 젓가락 굵기의 나무 하나만 남기고 다 잘라버리고 산소에 갈 때마다 그 나무에 정성을 다하여 가지치기를 해준 결과 한 3년 후부터 그늘을 만들어주더니 13년이 지난 지금은 우리 열 댓 식구들이 다모여도 충분한 그늘과 시원한 바람을 일으켜주고 있는 것이다. 더욱이 그 나무 밑은 널찍한 땅이라 돗자리를 깔고 나면 손자 손녀들 뛰어놀고 점심식사들도 하고 일하다 틈틈이 막걸리 한잔들 하기에도 안성맞춤의 자리가 된 것이다.

벌초를 해드리는 날은 모처럼 갖게 되는 온 가족의 모임이 이 느티나무 밑에서 이루어지는 것이다. 그 여리고 여린 느티나무 새싹이 어떻게 내 눈에 띄어 나의 보살핌을 받아 이처럼 우람하게 자라 보은을 해주다니! 생각할수록 기특한 일이다.

아버님 살아계실 적 두 번이나 파산하여 불효를 저지른 그 일은 눈감을 때까지 잊을 수 없는 일이지만 그나마 이 아들 오뚝이 처럼 다시 재기하여 노후에도 먹고 지낼 걱정 없이 된 걸 저세상에서 어머님과 함께 대견스레 내려다보실 것만 같다. 온 가족들이 찾아와 이 우람한 느티나무 그늘 밑에서 쉬어가며 벌초해드리는 모습들 내려다보시며 어쩌면 이 못난 아들의 지난날을 용서해주시고 함박웃음을 보내주고 계신지도 모르겠다.

이 느티나무가 자라 내 키 한배 반쯤 되었을 때 밑동에서 3갈래로 자라 오르는 이 느티나무 앞에 나의 어린 첫손자를 걸터앉히고 찍어준 사진이 한 장 있는데 이따금 드려다 본다. 그때 3갈래지어 자라 오르던 밑동틈새에 나의 어린 손자가 걸터앉아 웃는 사진을 찍어줄 수 있었는데 이제 20여년 세월 지나 이 느티나무는 거목이 되어 아름드리 밑동은 올려다보게 자랐고 3갈래 가지들은 우리식구들 열댓에게 충분한 그늘을 만들어주고 그리고 그때 그 어리던 내 큰손자도 어느새 대학도 졸업하고 군대도 다녀오고 이제 직장도 다니게 되었으니 새삼 세월의 빠름과 인생의 무상함을 느끼게 된다.

모과나무

테라스 간이정자에 앉아 모과를 잘게 썰고 있다. 모과향기가 코에 은은하게 스며든다. 장미 향기처럼 화사한 게 아니고 기품 있는 여인이 바른 화장처럼 은은하게 내 온몸을 감싸고돈다. 아니 내 온몸보다는 오랜만에 보이는 저 파란 가을하늘까지 퍼져나가는 것만 같다. 지난 9월 한 달을 며칠 빼고 내리던 비는 10월 들어서서도 파란 가을하늘 보기가 어려웠는데 오늘 모처럼 가을날씨답다. 그래서 모과를 잘게 썰어 햇볕에 널어 말리려고 썰고 있는 것이다.

어제 농장에 가서 가져온 모과들이다. 뒷산기슭에서 알밤을 줍고 과수원으로 내려와 대추를 따는데 대추나무 바로 옆 모과나무 밑에 이 모과 5개가 떨어져 있었던 것이다. 모과를 따려면 아직 한 열흘은 있어야 하는데, 아직 잎사귀들도 멀쩡한데, 낙엽 져 다 떨어져도 모과들은 의기양양 매달려 노란 몸매들 자랑하는데 웬 일로 주먹보다 더 큰 모과들이 떨어졌을까하고 모과나무를 올려다보니 그간 보지 못한 동안에 모과들이 다들 크게 자라 가지들이 모두 늘어져있고 모과나무도 힘에 겨워하고 있었다. 그제야 나는 이 모과나무가 나에게 잘 익은 모과를 떨어트려 보여주어 빨리 따가서 자기 좀 쉬게 해달라는 속마음을 알 수 있었다.

이 모과나무는 나와 15년이나 함께하고 있다. 처음에는 강변집 울안에 묘목을 사다 심었는데 3년 후 국도확장으로 이 강변집이 헐리게 되자 그곳에서 잘 자라던 몇 종류 나무들을 지금의 농장으로 옮겨 왔는데 그때 옮겨온 나무들 중 호두나무와 체리나무는 죽고 이 모과나무와 매실나무만 살아 지금까지 나와함께 지내고 있어 비록 나무들이긴 하지만 정이 깊이 들어 어떤 때는 말도 걸고 나무의 대답 또한 내가 대신해주기도 하는 것이다.

이 모과나무는 자식들 복이 엄청나다. 지금현재 자식들 수가 30그루나 된다. 지금 내 농장 이곳저곳에서 가을이면 모과를 열려주는 나무가 20그루나 되고 내 부모님 산소 주변에도 10그루나 되니 이보다 더 자식 복 큰 나무도 아마 드물 것이다. 그것은 우연의 결과였다. 내가 농장에서 줆어지고 온 이 모과들로 모과 술이며 모과 청이며 모과차를 만들자면 내가 내 집 테라스 간이정자에 앉아 우선 이 모과들을 썰어야한다. 썰자면 씨들이 엄청나온다. 대부분의 씨들은 쓰레기통에 내다버리지만 어떤 때 양이 적을 때는 바로 간이정자 옆 텃밭에 버리고는 했던 것이다. 그런데 누가 상상인들 했겠는가.

이 텃밭이 모과의 묘목 산지가 될 줄을. 서울 도심 5층 위 테라스의 얄팍한 텃밭 흙에서 그것도 흙이라고 그다음 봄이면 움이 트고 한여름 되면 묘목으로 자라날 줄을 꿈에도 생각지 못했던 것이다. 그리하여 묘목을 1년을 자라거나 2년을 자라게 두었다가 식목일마다 캐가지고 가서 농장과 부모님 산소에 심어 오늘날 이 모과나무의 자식들이 저리도 번성하게 된 것이다.

이 모과나무는 자식복도 많거니와 그의 은은한 향기로 나의 사랑까지도 독차지하고 있다. 나의 사랑뿐 아니라 주변의 매실나무, 감나무, 대추나무, 살구나무, 그리고 복사나무들에게도 그 향기를 뿜어주어 늦가을의 그 나무들의 쓸쓸함을 위로해주어 사랑을 받기도 한다. 그리고 나뿐만 아니라 내 가족과 친구들에게서도 사랑을 받는 것은 차로 끓여 마실 때나 모과 청이나 모과 술을 마실 때 그 풍겨주는 향기가 1년 후 다시 모과를 딸 때까지 지속시켜준다는 점이다.

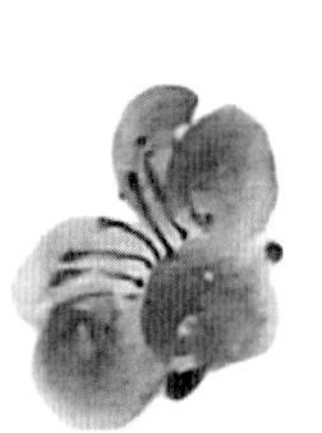

7부
향기 있는 법문

향기 있는 법문

위의 제목은 종범 큰스님의 법문제목이다. 오후 잠시 불교티브이를 켰더니 큰스님의 법문이 진행 중이었다. 그 말씀 중 언뜻 지나치는 말씀가운데 다음과 같은 향기로운 말씀이 있어 그냥 잊어버리기에는 아까운 생각이 들어 메모해두었던 그 말씀을 다시 한번 들추어 읽어본다.

그 메모는 다음과 같다.

〈서구 어느 나라 스님이 자두나무 수천그루를 심었는데 그 한그루 한그루를 모두 어린아이들에 의해 심게 했다. 30년 세월이 지난 후 아이들은 다 어른들이 되도록 자기가 심은 자두나무를 돌보러 둘러보곤 했는데 봄날 자두 꽃이 하얗게 눈처럼 피어 자두나무숲을 덮을 때면 그 스님은 구경 오는 사람들에게 이런 말씀을 들려주신다고 한다.

자두 꽃을 보아라 본다는 것은 명상이다
고향을 보고 싶으면 고향을 볼 수 있다.
부처님을 뵙고 싶으면 부처님을 뵐 수 있다.
어머님을 뵙고 싶으면 어머님을 뵐 수 있다.

자족감을 가져라 자족감을 갖고 있다면
하나의 풀잎에서도 온갖 것을 볼 수 있다.

자족하려면 늘 관찰하라. 어느 순간에 눈이 열려 미묘 지혜안을 갖게 된다.

자족하지 않으면 의타심이 일고 욕심은 한이 없고 끝없는 윤회에 떨어진다.

있는 것에 만족하지 못하고 없는 것만 찾게 되는 것이 불만족의 연속이 된다. 보아라 만족하라 스스로 노력하라 정진하라〉

지나온 나의 과거를 생각해본다. 학교에 다닐 때는 공부에 매달리고 젊어서는 취직해서 먹고사느라 허덕이고 사업할 때는 생존경쟁에 숨도 못 쉬고 움츠리고 지내다가 환갑나이 되니 허망한 생각에 잠 못 이루고 또 10년 시문학을 독학하느라 골몰하다보니 벌써 나이 70이 된 것이니 얼마나 허망한 세월의 빠름이었던가. 이런 나의 지내온 나날들이었는데 어떻게 명상으로 시간을 보낼 수 있었겠는가. 하여 큰스님의 말씀은 한갓 종교적인 말씀에 지나지 않는 것이 아닐까 하는 생각이 들기도 하지만 또 한편 내가 만일 일찍 미묘 지혜안에 눈이 띄어, 다시 말하면 자족의 지혜를 지녀 명상하고 노력하고 정진 했더라면 내가 지내온 과거가 완전히 다른 결과를 가져올 수도 있지 않았을까 하는 생각이 든다. 아무리 바쁘더라도 꽃을 바라보며 꽃향기도 맡아가며 명상을 하는 그런 생활을 지속해 왔더라면 지금보다는 좀 더 나은 형편에 도달해 있지 않았을까 하고 말이다.

그러나 이리저리 생각을 해보고 나서야 아! 그렇구나. 이제야 알 만도 하구나 하고 느껴진다. 큰스님의 향기로운 말씀을 몇 번이고 읽어보니 비록 늦기는 했지만 나또한 그다지 어리석지는 않았구나. 나또한 환갑나이 들어서야 자족을 깨닫고 문학의 길로 들어섰구나 하고 깨닫는다. 환갑나이 들어 문학의 길로 들어서 농장을 오르내리며 자연과 함께 하면서 이미 자족의 지혜를 터득한 것을 자신도 모르고 있었던 것이다. 내 농장에도 자두나무3그루 복사 매실들 꽃피고 열매 열리고 봄부터 늦가을까지 동행하며 오로지 자연의 시의 요정들과의 애증의 삶을 살고 있으니 이것이야 말로 나의자족의 터득 그 자체가 아니겠는가 하고 생각해보며 내 조그만 농장 연못가 세 그루의 하얀 자두꽃구름을 눈앞에 떠올려본다.

설산 큰스님

설산큰스님이 가신지 어느새 7년이 되었다. 설산큰스님이 주지로 계시던 삼각산 정토사는 매부와 누님이 원래부터 다니던 그리 크지 않은 아담한 절이었는데 여기에 어머님도 40대 중반부터 다니기 시작하시여 설산스님과 우리 가족과의 큰 인연이 맺어지게 된 것이다. 어머님은 아버지와 큰 며느리인 나의 아내를 절로 인도하게 되었고 마침내는 집안 식구들이 모두 불교와 가까이 지내게 된 것이다. 내 경우로 보더라도 비록 스님으로부터 계를 받거나 절을 자주 찾아가지는 않지만 불교에 대해서는 많은 관심을 갖고 티브이불교방송이나 불교서적을 시청하고 탐독하게 되어 과연 부처님은 우리 인류의 위대한 스승님이시구나 하고 감동을 금치 못하게 된 것이다.

나의 아버님 돌아가신 지 벌써 17년이라는 세월이 지나 갔다.

그때 아버님의 49제齋때 주관하시던 큰스님의 염불 소리가 지금도 내 귀에 쟁쟁하다. 어찌나 염불하시던 그 모습이 근엄하시고 그 소리가 깊고 우렁차시고 슬프고도 고요한 무상을 일깨워주셨던지 지금까지도 내 마음속에 살아있는 것이다. 장례식 날에는 산소까지 오시어 고인이 마련하신 산소 터가 명당이라는 말씀까지 해주시고 하관식 때 들려주시던 목탁 소리와 염불 소리의 청아함은 고인의 영혼을 전도하는데 가득하게 넘쳤다. 그나 그뿐인가 7년전 어머님 돌아가셨을 때도 마찬가지로 노구를 이끌고 오시어 수좌스님의 장례식 엄수를 지켜보아 주셨던 것이다.

설산큰스님은 가셨으나 아직도 나의 집에는 큰스님이 남겨주신 유품들이 남아있다. 내 사무실에 걸어놓으라 써주신 큰 액자속의 휘필揮筆 역발산 기개세〈力拔山氣蓋世〉는 큰아들 사무실에 지금도 걸려있고 휘필揮筆 수이고흘〈壽以高吃〉의 큰 액자는 나의 집 응접실 벽에 걸려있다. 그나 그뿐인가 큰스님께서 금박이 명필로 금강경을 써 주신 병풍은 지금도 부모님 차례나 제사 때는 차례 상이나 제사상 앞에 놓이는 것이며 그리고 식탁 정면 벽에도 금색글씨로 써주신 반야심경 액자가 걸려있어 식사 때마다 한번쯤은 바라보게 된다.

모처럼 큰스님의 생각이 여기에까지 이르고 보니 나라는 인간이 큰스님으로부터 받은 은혜가 매우 크다는 사실에 놀라지 않을 수밖에 없다. 무엇보다도 환갑 나이 들어 10년간을 시문학에 몰두하여 첫 시집〈인생의 주름에 접혀진 꽃잎들〉을 출간할 때 그 시집속의 내용 또한 불교철학에 근거된 시편들이 적지 않았고 또한 2007년 나의 고희 나이에 접어들어 쓰기 시작한 수필작품들 중에도 그 내재內在된 기본철학은 부처님의 가르침 중에서 우러나온 내용들이 적지 않음을 확인할 때 나는 어찌 이렇듯 나에게 큰 영향을 주신 큰스님을 여태껏 생각지 못했던가 하고 새삼스레 죄송함을 느끼게 된다.

아내 또한 나이도 많이 들었고 또 큰 병을 얻어 수술을 한 후 큰스님 계시던 그 절을 다니지 못했고 그런데다가 퇴행성관절염까지도 심하여 삼각산 중턱에 자리 잡고 있는 그 높은 곳을 오르내릴 수가 없었던 것이다. 그래도 요즈음에는 일주일에 두어 번 다녀오는 농장 길목에 새로 생긴 절이 있어 오고가고 할 때면 먼발치에서나마 우리내외는 잠시 걸음을 멈추고 그 절을 향하여 머리 숙여 합장을 올려드린다. 합장으로 부처님 향해 허리 굽혀 절을 올릴 때는 〈부처님의 가르침에 감사 합니다〉하고 인사를 올려드렸는데 큰스님 돌아가시고 난 후로는 나는 큰스님도 그 절에 계신 듯 합장을 올려드린다.

졸고 계시는 노스님의 눈썹

어느 스님이 티브이 방송에서 그의 법문을 시작하시면서 〈법당 안에서 긴 눈썹을 늘어트리고 졸고계시는 노스님의 모습은 참으로 아름답다〉라고 말씀을 시작하시면서 이어서 계속 말씀을 이어가시기를 〈어린 동자승으로 절에 들어오시어 그 긴 세월 수행정진 하시어 이제 깨달음을 터득하시어 또 수많은 제자들에게 그 깨달음을 전수하시었으니 법당 안 부처님 앞에서 졸고 계신들 그 어느 누가 탓할 사람 있겠는가. 부처님도 빙그레 웃으시며 노스님 앞에서 졸고계신 것을〉라는 긴 서두로 하여 법문을 이어가신다. 이따금 티브이를 통해서 큰스님들의 법문을 듣고는 하는데 오늘따라 법문을 내리시는 큰스님의 말씀 하시는 모습은 비록 눈썹은 길게 늘어트리지는 않았지만 말씀을 느릿느릿하게 하시는 모습이 꼭 졸면서 꿈속에서 말씀하시는 같아 보였다. 그리고 이따금 미소를 짓는 모습은 꼭 절에 들어와 머리를 깎았다는 그 동자승처럼 순진해 보였다.

졸고 계시는 노스님의 마음에는 부처님의 미소 말고는 무엇으로 차 있을까. 내마음 속 가득 차있는 것이란 세속적인 기억들, 40여 년 사업이랍시고 2번에 걸친 실패로 고통 받던 일이며 거래선들의 얼굴들이며 뻰질나게 돌아치던 해외출장이며 자금부족으로 월급날이면 돈 꾸러 다니던 일들이며 자식들 출가 시킨 일들, 부모님 돌아가신 후의 슬픔이랑 잡다한 집안 대소사에 바쁘던 나날들, 이렇게 내 마음속에는 세속적인 기억들만이 가득 잠겨있을 뿐인데 과연 평생을 부처님 가르침 하나만을 수행정진하면서 깊은 산 속 절간에서 지내온 그 졸고계시는 노스님의 마음에는 과연 부처님 미소 말고는 무엇으로 채워져 있을까. 이제 깨달음도 성취하여 회향도 다 이행하셨으니 노스님 마음속에는 한 점의 티끌도 없이 밝은 달이 떠있는 잔잔한 바다일까 호수일까. 바람 불어도 일렁이지 않는 거울 같은 맑음뿐일까.

늙고 병들고 죽는 것에 대한 초월과 온갖 번뇌 망상이란 티끌 만치도 없는 저 노스님은 이미 해탈의 경지에 들어있을 터인즉 눈을 뜨면 삼라만상도 과연 구분이 없는 하나의 공空으로 보이는 것이 눈을 감을 때와 마찬가지일까. 그래서 그렇게 눈을 감은 듯 뜬 듯 눈썹을 늘어트리고 졸고 계시다는 것일까. 졸고계시는 꿈속에도 어린 시절 동자승 꿈도 꾸실까. 산사를 휘돌아 흐르는 개울물 소리와 솔바람소리를 졸면서도 듣고 계실까. 그렇지 않으면 단지 무상의 깨달음의 보랏빛 하나의 우주만으로 그 우주 속 자비만으로 가득 채워져 있을까.

이때 티브이에서 돌연 쩌렁쩌렁한 음성으로 변한 스님이 결론을 내린다. 〈노스님처럼 졸아도 되려거든 현재의 찰나의 지나감도 놓치지 말고 수행정진 해야 합니다!〉.

이 뭐꼬?

화두話頭는 공안公安이라고도 하며 불교에서는 참선하는 스님들에게 도를 깨치게 하기 위하여 내어주는 문제를 뜻하며 〈이 뭐꼬?〉는 그런 화두중 하나로 역대 대선사들로부터 내려오는 것이라 한다. 수행정진 하는 선승禪僧들은 이런 화두 하나를 대선사들로부터 받아 심지어는 평생 동안 도를 깨칠 때까지 노력하다가 드디어 돈오돈수頓悟頓首라는 확연한 깨달음을 한꺼번에 얻는다는 것이다. 〈이 뭐꼬?〉는 이것이 무엇인가를 줄여서 쓰이는 화두로 어떤 일에 대한 끊임없는 스스로의 물음을 통하여 끝내는 진리를 얻는다는 것이다. 불교는 마음의 종교라고 하는데 아마도 온종일 어쩌면 평생 〈이 뭐꼬?〉라는 화두를 가지고 사노라면 다른 잡념은 마음속에 남아있을 수 없어 마음의 청정을 얻는다는 것이 아닐까 하는 생각이 든다. 마음속에서 모든 세속의 잡념과 욕심이 사라지면 마치 잔잔한 바다에 달이 뜨듯이 깨달음의 달로 꽉 찬 마음으로 된다니 도를 위해 용맹정진 하는 스님들에게는 과연 이 화두야말로 목숨보다 더 소중한 것이라 하겠다.

내가 환갑 되던 해부터 일기 쓰듯이 하루에 시 한 편이나 수필 한 편씩 써 온 지 벌써 6년하고도 반이라는 세월이 흘러갔다. 평생 문학인의 삶 속에서도 몇 편의 글을 남기기가 그리 쉬운 일이 아니라고들 하는데 평생을 문학과는 거리가 먼 사업의 길에서 헤매던 내가 환갑 나이에 이르러서야 문학을 한답시고 들어섰으니 나야말로 그분들의 열배는 더 노력을 해도 부족한 것을 믿기에 그간 써온 한 편 한 편 모두가 비록 휴지통에 버려질 보잘것없는 작품들일지언정 하루도 거르지 않고 써 온 것도 사실이니 그간 몰두해온 그 노력 만큼에는 스스로 대견함을 인정하고 있는 것이다.

7년에 가까운 그 세월에 하루에 한 편씩의 제목을 정한 뒤 새벽부터 밤잠자리에 누울 때까지 그 제목에 대하여 열중하게 된 것이다. 집에서나 밖에서나 기차 속에서나 전철 안에서나 심지어 밥 먹을 때나 꿈속에서도 그 제목 속에 매달려 있노라면 어느 순간 내 마음속에는 다른 잡념들은 다 사라지고 그 제목에 관한 해답들로 꽉 차는 희열을 얻게 되고 그 즉시 그 글을 노트에 옮겨 쓰는데 시간은 단 30분밖에 걸리지 않는 것이다. 다 쓰고 나면 그 제목은 다 잊고 또 새로운 제목으로 돌입하게 되는 것이다.

불교에서 무상의 이치를 깨닫고 나서는 나는 하루의 제목을 버림에 추호의 아쉬움도 없고 미래에 관한 바람도 갖지 않고 오로지 순간마다 변해가는 지금 현재에 집착할 뿐이다. 현재의 순간순간에 집착하여 근면하고 정도正道로 가면 그에 정비례되는 과거와 미래는 예약되기 때문이다. 결국 화두와 나의 매일 매일의 제목은 같은 내용의 것이 아닌가 여겨지는 것이다.

선禪에 이르는 길

엊저녁 친구와 함께 저녁식사를 하는 중에 그 친구 나에게 뜬금없이 〈선에 이르는 길이 무엇이냐〉 하고 물어와 나를 당황하게 만들었다. 그래 한자로 보면 볼 시변에 단순단자 두 글자가 합해 이루었으니 모든 사물을 복잡하게 생각 말고 단순하게 보라는 부처님 말씀 아니냐 하고 대답은 해 주었다.

그 친구 아마도 내가 독실한 불교신자인 줄 알고 물어본 것 같지만 나는 젊어서부터 사업에 매달려 절에 다닐 시간과 여유가 없었고 다만 나의 어머니가 독실한 불교신자이셨고 아내도 어머니 따라 절을 다녔기 때문에 나또한 비록 절에는 자주 못나가지만 집에서 티브이불교방송을 통하여 여러 스님들의 강의를 많이 들어오긴 했으나 그 심오한 내면까지 넘볼 수는 없었으며 다만 내가 문학의 길을 걸어가면서 그 어떤 도움이라도 찾을 수 있을까하고 진지한 마음으로 경청해온 것은 사실이다.

그런데 공교롭게도 오늘 조간신문에서 원불교가 주창한다는 선禪에 관한 글을 읽은바 그것은, 〈무시선無時禪, 무처선無處禪, 처처불상處處佛像, 사사불공事事佛供〉이라는 것으로 선수행禪修行이란 시간에 구애받지 않고 장소에 구애받지 않고 정진한다는 것으로 부처님은 어느 곳에나 그 가르침이 존재하고 어느 일에건 부처님 가르침이 존재한다는 뜻이라 했다. 즉 생활불교로서 면벽수행面壁修行이나 좌선수행坐禪修行만이 선이 아님을 주장하는 수행방법이라 했다.

좀 더 궁금해져 불교서적을 찾아 읽어보니 선은 선종禪宗의 준말로 6세기 초 달마대사가 인도로부터 중국에 들어와 전한 불교의 한 종파宗派라 할 수 있으며 이 선 이론은 중국본래의 노장철학과 유교의 철학과 조화를 이루며 6조 혜능대慧能代에 이르러 중국적인 불교의 완성을 보게 된 것으로 혜능〈638-713〉이 세운 선종단경禪宗壇經에서 이 선종의 법요를 명백하게 말하고 있으며 즉심즉불卽心卽佛과 삼무설三無設을 제창한 것이며 휴일불이休一不二에서 불이不二는 바로 여如이고 공空이며 불이佛二라는 것은 대승불교大乘佛敎의 전체이치라는 것이다.

시詩라는 한자어를 보면 말씀언변에 절사자의 합성어로 이루어졌다. 이는 시라는 것은 절에서 거의 말이 없다시피 하듯이 말을 함축시킨다는 의미로 해석할 수 있다고 한다. 마찬가지로 선禪이라는 한자어도 볼시 변에다 단순단자의 합성어이니 모든 사물을 단순하게 보아가며 종래에는 하나로 본다는 이치가 아닐까도 생각된다. 즉 선이란 불교, 그것도 대승불교인 선종에서 비롯된 것으로 그의 귀결은 마음으로 귀결되는 것이다. 이것이 바로 즉심즉불, 곧 마음이 부처라는 것을 의미하는 것이다. 곧 선이란 마음의 모든 108번뇌를 떨쳐버리면 그곳이 바로 선의 경지라는 것이다. 그래서 선의 경지에 다다름은 모든 세속의 번뇌를 벗어난 깨달음의 경지에 이룸을 뜻하는 것이라 한다. 면벽 십년의 좌선을 하든 혹은 하루의 좌선을 하든 요는 마음의 번뇌를 다 잊어버리고 달처럼 맑은 지혜의 마음을 볼 수 있는가 하는 것이 바로 선에 도달 했는가 못했는가를 가늠할 수 있는 길이며 깨달음의 척도가 된다는 것이다.

요즈음 세간에는 이 선을 정신수양의 방도로 생각하지 않고 뿌리도 알 수 없는 일종의 체력단련방도로도 기승을 부리고 있는 터이며 불가에서도 선방을 차려 좌선의 도를 과대 선전하는 경향이 전혀 없지 않은 것도 같은데 나또한 문학의 길을 걸어가면서 위대한 부처님의 가르침을 내 작품 속에 조금이라도 섞일 수 있다면 그 얼마나 보람 된 일일까 하고 생각하는 것이다. 나는 부처님 뿐 아니라 예수님 공자님 모두 존경하며 그분들의 위대한 가르침을 배우고자 틈만 있으면 노력하며 특히나 유교의 창시자인 공자께서 편찬해 내려주신 시경詩經을 흠모하고 있는 것이다.

문학의 길을 걷고 있는 나에게 오늘아침 조간신문이 보여준 어느 스님의 말씀인 〈무시선, 무처선, 처처불가, 사사불공〉이야말로 나에게는 가장 가슴에 와 닿는 가르침인 것 같다. 부처님의 가르침인 선이 시간과 장소에 구애 받지 않고 정진하면 그 어느 곳에서나 부처님의 가르침을 받을 수 있다는 그 스님의 말씀처럼 나도 시를 쓸 때 그 시간과 그 장소를 가리지 않고 정진하면 그 어느 곳에서고 시를 만날 수 있다는, 다시 말해 일상생활 속에서 항상 108번뇌를 버려 마음을 비우면 그 마음속에 내가 바라는 시가 찾아든다는 가르침이 아닐까 생각된다. 내가 모든 욕심 버리고 농장을 오르내리면서 농사를 지으며 시를 쓰고 있는 것처럼 말이다.

종교 갈등

어느 불교 학자가 말하기를 우리나라사람은 어느 종교를 믿건 간에 사고방식은 물질문명을 일으킨 구미의 가톨릭이나 개신교사상에 젖어있고 마음에는 1600년간 조상님들에 의해 전해져 내려오는 불교가 젖어있고 행위에는 조상을 숭배하고 예의범절을 가르쳐 준 유교가 서려있다고 했다. 그러니 우리나라에서는 극단적인 종교분쟁이 없는 편이고 또 있어서는 안 되는 것이며 상대방 종교를 존중해야 한다는 것이다.

그리고 신자들 중에는 3부류가 있는데 첫째는 자기 가정도 버리고 종교에 매달리는 신자들, 둘째는 자기가정과 사회에 적응하면서 종교를 삶의 방편으로 하는 신자들, 그리고 셋째로는 종교집단을 자신들의 이익을 추구하는 도구로 삼는 신자들이라는 것이다.

내가 생각하는 종교는 불교이든, 기독교와 가톨릭이든 그리고 유교와 그 어느 종교이든 간에 가정을 파괴하라는 계율은 없다는 것이다. 개인의 가정이 화목해야 사회와 나라도 잘될 것이고 또 그리하여야 사찰이나 교회 그리고 그 이느 종교도 운영이 잘 될 것이다. 신자들은 열심히 일하여 스님들이나 목사 그리고 종교지도자들이 열심히 정진하도록 뒷받침하는 것이 그 부여된 책임이 아니겠는가.

그런데 내 주변에는 한 가정에 각기 다른 종교를 믿는 사례가 많은데 그런 경우 가정이 화목하기보다는 서로 반목하여 불화를 조성하고 심지어는 결별하는 경우를 흔히 볼 수 있는 것이다. 부처님이나 예수님이나 공자님이나 모두가 우리 인류의 크나크신 스승님들이신데, 그리고 실제로 이 세상에 오셔서 살다 가신 분들인데 어찌 가정의 파탄을 원하시겠는가. 어느 분의 가르침을 보더라도 부모를 존경하지 말라는 법 없고 가정의 화합을 깨트려야 한다는 가르침은 없으신데 어찌하여 가르침을 잘못알고 반목 결별들을 한단 말인가.

이제는 종교지도자들도 마음의 문을 열고 상호방문 교류도 하고 세계전쟁반대연합운동이나 남북통일기원연합회 예배도 함께 한 목소리를 내고 있다. 그리고 또한 전 국토가 묘지로 변해가는 매장문화를 화장 문화로 옮겨가는 문제에도 합의를 하고 있다. 그런데 각 가정에서의 종교로 인한 불화와 반목에는 어떠한 한 목소리 된 조화의 지혜는 내어놓지를 못하고 있다. 특히나 조상님들 제사를 지낼 때는 문제가 심각한 점이 있는 것이 핵가족화 되어가는 현실은 자녀들이 뿔뿔이 흩어져 살면서 제각각의 종교를 믿으면서 노부모들이 지켜오는 제사에는 미신이니 우상에 절을 할 수 없다느니 거부하고 불참하는 일들이 일어나고 있는 것이다. 옛날에는 고부간의 갈등이 문제였는데 지금에는 종교 간의 갈등이 슬프게 하는 것이다. 종교 지도자들이여! 우리는 우리 몸에 어느 종교건 뿌리박혀있는데 종교 갈등을 쉽게 해결할 지혜는 내려줄 수 없는가요.

지족知足

사람들은 원래 태어날 때부터 욕심이라는 것이 있어 늙어서 저 세상으로 갈 때까지 더 큰 재물과 더 큰 권력과 더 큰 명예를 차지하려고 몸부림친다. 그러니까 더 큰 것을 추구하다가 실망과 좌절과 허탈의 늪에 빠져 허우적거리다가 눈을 감게 되는 것이다. 인생은 아침 이슬처럼 반짝이다가 마무리 짓는다는 옛말도 있는 것처럼 그렇게 긴 인생이 아니건만 사람들은 그렇게 사는 것이 인생이라 알고 살아들 가는 것이다. 여기에서 부처님이 지족知足이라는 지혜의 가르침을 주시어 바로 인간의 그 어리석음을 고쳐주시고자 한 것을 나또한 늦게야 깨닫게 되었다.

지족이란 자기의 분수를 알고 만족한다는 뜻이다. 여기에서 만족이라는 뜻은 부단한 노력 끝에 얻은 결과를 의미하는 것이다. 자기가 노력한 이상의 대가를 바라는 것은 지나친 욕심에 지나지 않는 것이다. 큰 것에 대한 욕심은 인지상정이지만 큰 것이라고 다 좋은 것이 아니고 오히려 큰 것을 바라다가 돌이킬 수 없는 재앙을 초래하는 경우가 허다한 것이다.

아침저녁으로 출퇴근 할 때 전철을 타려면 수많은 사람들이 북적인다. 열차가 도착하면 마치 밀물처럼 쏟아져 사람들은 모래알 같고 또 그 차로 들어가는 인파는 썰물에 밀려들어가는 모래알 같기도 하다. 그 모래알들에게서는 크고 작음을 구별 할 수가 없다. 도토리 키 재기와 다름이 없는 것이다. 그들 가운데는 높은 지위 사람이나 돈 많은 사업가나 가난한 서민이나 중류층이 다 섞여있으나 구분할 수 없는 것이다. 그 가운데서는 크고 작음이 모두 어울려 평화를 이루고 있는 것이다, 큰 것도 홀로 존재할 수 없고 작은 것도 홀로 존재할 수 없는 것이다.

저 들판에 피어있는 자그마한 수많은 들꽃을 바라본다. 그리고 산자락과 산등성, 산 정상에 피어있는 이름 모를 잡초들을 바라본다. 저들은 보잘것없이 눈에 띄지 않을 정도로 작은 꽃과 잡초이지만 사람들 주변에서 사랑받는 장미나 튤립의 아름다움과 가치에 손색이 없는 것이다. 만일 저 들판과 저 산에 저 들꽃과 잡초들이 없다면 그 얼마나 삭막하겠는가. 그리고 산짐승들과 들짐승들은 무얼 먹고 살겠는가.

나또한 환갑나이 들어서야 부처님의 지족의 가르침을 배워 40년 이어오던 섬유수출사업의 길을 접어버리고 시인의 길로 접어들었다. 지족의 가르침대로 그간의 부단한 노력으로 받은 대가로 만족하고 나이도 많은데다 더 이상의 욕심을 부리다가 노후여유자금조차 날리지 않을까 걱정 되여 과감하게 사업을 정리한 것이다. 지족의 가르침은 나에게 아무런 걱정 없이 고향 근처 조그마한 농장을 아내와 함께 오가며 농사를 지으며 자연 속에서 기다려주는 시의 요정들을 만나주며 여생을 즐기고 있는 것이니 이 얼마나 고마운 일인가. 물론 나는 나의 시에 대해서도 아무런 바람이 없고 그저 함께 하는 걸로 행복할 뿐인 것이다.

모두에게 다른 세월

이따금 친구들을 만난다. 그들은 주로 중고 동창들과 고향친구들, 그리고 대학동창들이다. 친구들을 만나 술잔을 나누며 지내온 인생을 이야기 하노라면 그들 모두에게 다른 세월이 있었음을 듣고 새삼 놀라지 않을 수 없다. 어느 친구는 젊어서 성공을 하여 꾸준한 풍족한 삶을 누리고 있는가 하면 어느 친구는 젊어서부터 고생을 죽도록 하다가 늘그막에 돈을 벌어 그런대로 남부럽지 않게 살고 있고 또 어느 친구는 부모유산 많이 받아 떵떵거리다가 얼마 안 되어 사기를 당해 어려운 삶에 지쳐있는 등 각 친구들마다 그들 인생길이 모두 달랐던 것에 놀라고 또 어느 친구는 아들 먼저 보내고 가슴에 못이 박혀 술잔 놓을 줄 모르고 어느 친구는 회사가 부도가 나서 오랜 세월 고생하고 있어 활기란 찾아볼 수 없고 또 어느 친구는 아내가 불치의 병을 얻어 병 수발한 지 오래라는 등 어쩌면 모든 친구들이 한결같이 다른 인생을 살아들 온 것이 신기하게까지 여겨지는 것이다.

세상 사람들이 모두 지문이 다르고 디엔에이가 다르다시피 타고날 때부터 모두 다른 운명을 타고난 것일까. 그래서 불교에서는 인연과 업보라 하며 이를 소멸하기 위한 정진을 해야 한다고 설파하고 있는 것인가. 전생의 악업을 청산하기 위해 참회하고 보살행위를 하여야 악업의 순환에서 탈피하여 해탈의 경지에 이르게 된다는 것인가. 그리고 해탈의 경지를 벗어나 극락의 세계에 이르게 되면 우리들 인간 세계에서와는 달리 모든 이들에게 다른 세월은 사라지고 오직 모두에게 공평하게 평화롭고 행복한 똑같은 세월만 존재한다는 것인가.

그렇다면 그런 세상은 슬픔도 눈물도 좌절도 괴로움도 고통도 모두에게 없는 것이고 오로지 웃음과 즐거움과 행복만이 존재하여 흘러가는 세월도 없고 늙지도 않고 욕심이란 있을 리도 없는 것일까 하는 생각에 미치자 그럼 무슨 재미로 인생을 사는 것인가 하는 생각이 든다. 우리네 인간은 쓴맛 단맛 다 겪어가며 살아가면서 서로 함께 위로도 해주고 눈물도 흘려주며 사랑과 우정을 나눌 수 있는 게 아닌가 하는 생각이 드는 것이다.

나또한 젊어서는 우리 모두에게 다른 세월이 있다는 걸 알지 못하고 그저 살아오느라 정신을 빼앗겼다가 이제 나이70을 넘어서고 나니 눈에 보이게 된 것이다. 공자님께서도 이러한 섭리를 깨달으시고 모든 사람들의 다른 세월을 가급적이면 근접시키려는 의도로 다음과 같은 말씀을 후세에 남겨 주시지 않았나 생각된다. 〈15에 학문에 뜻을 두고-志學〉, 〈30에 학문을 이루고-立〉, 〈40

에 혹하지 않고-不惑〉, 〈50에 천명을 알고-知天命〉, 〈60에 모든 것을 순리대로 이해하고-耳順〉, 〈70살 되니 마음 내키는 대로 해도 법도를 넘지 않았다-從心所慾不踰矩〉. 아마도 위의 공자님 말씀도 공자님 자신께서 70까지 사시다보니 이러저러했으니 참고로 삼거라 하고 그의 제자들에게 들려준 말씀이 아니겠나 하는 생각이 든다.

우리네 인생은 세월의 흐름 속에서 시작되어 종료된다. 세월의 바람은 사람에 따라 강약으로 불어 모두들 다르게 그들 인생을 수놓게 한다. 사랑하는 친구들이여! 어차피 우리네 인생은 희노애락喜怒哀樂과 동거하는 것이 아니겠는가. 지내온 세월이 아무리 어려운 시련을 주었더라도 우리의 인생을 원망하지 말고 굳건하게 이겨나가야만 하지 않겠는가.

21세기 인류의 대안代案이라는 선禪

어머님 살아생전 절을 다니셨고 어머님을 따라 아내도 절을 다니며 불교를 믿었기 때문에 나또한 비록 절에는 나가지 않는 편이지만 불교철학에 심취해 있으며 부처님 가르침에 날이 갈수록 그 위대함에 놀라고 감동해마지 않는다. 특히 나의 마음을 사로잡는 흥미로운 가르침 중 하나는 21세기 대안은 선이라는 가르침이다.

선禪이란 불교의 한 종파인 선종禪宗의 준말이며 좌선을 통해 불도를 터득하려는 종파로서 6세기 초에 인도의 달마대사가 중국에 전했으며 6대조가 되는 혜능대사가 온전하게 본질을 깨닫고 이 선종의 꽃을 피워 계승과 승계를 이루었다고 한다. 혜능대사는 말하기를 진리는 하늘의 달과 같고 문자文字는 달을 가리키는 손가락이다. 달을 보는데 손가락을 거칠 필요가 없다고 했다. 이것이 선종의 유명한 불립문자不立文字이론이며 심즉불心卽佛, 즉 사람의 마음이 부처이니 누구나 불성을 가지고 있으며 이 마음을 갈고 닦으면 성불, 즉 깨달음에 이룰 수 있다는 것이다. 그러니 이 가르침이야말로 모든 인류의 평등사상을 의미하는 게 아니겠는가.

달마와 혜능대사의 맥을 이어온 한국불교 조계종에는 5대 총림이 있는바 이중 부처의 마음을 찾는 선방이 있다고 한다. 즉 마음이 곧 부처이니 자신의 마음을 닦는 것이 바로 자신이 부처가 되어 깨달음을 얻게 된다는 것이다. 많은 한국불교신자들은 절에 가서 자신의 마음을 닦으려는 것이 아니라 자신과 자식들의 복을 빈다고 한다. 어느 큰스님은 한국불교가 이러한 기복祈福을 벗어나야한다며 기복은 불교의 본위가 아니며 불교는 삶의 주체를 밝혀 삶에 끌려 다니지 않고 삶을 누리는 사람이 되도록 하는 것이라고 말한다.

나는 참선이라는 것은 달마대사처럼 9년이라는 세월을 벽을 대하고 가부좌를 틀고 앉아 깨달음을 얻듯 어느 절이나 어느 선원에 가서 지정된 시간을 참선해야 하는 것으로 알았는데 어느 큰스님은 말하기를 불교에서는 불법승 삼보를 신앙의 대상으로 삼고 있지만 선은 절에도 없고 법에도 없고 스님들 속에도 없으며 선은 모든 사람의 생활 속에 보편화되어 있으며 모든 시간과 공간속에 녹아있어 바로 여기에 있는 것이 선이라고 한다. 지지고 볶는 일상보다 더 훌륭한 법당이 없다는 것이다. 무수한 절을 짓고 탑을 쌓은 양무제가 달마대사를 만나 내 공덕이 얼마나 되냐 물으니 달마대사가 무공덕無功德이라고 대답한 것은 형식으로 대변되는 권위와 기득권은 무너져야 한다는 내용이었던 것이라 한다.

요즈음 이 나라에는 참선이라는 것이 유행하고 있다. 불교의 선원은 당연한 존재이지만 사설 선방이니 심지어는 학원 같은 선방도 있다한다. 이들은 과연 참선이라는 뜻을 알고 하는 것인지 명상이라는 것과 혼동하고 있지 않는 것인지 모를 일이다. 그러나 여하간 심신단련에 나쁠 것은 하나도 없으니 마땅히 장려하여야 할 일이 아니겠는가 하는 공감을 느끼며 아울러 다시 한 번 한국불교 선지식이라 존경받는 금봉암의 고우스님의 말씀을 되새겨 본다.

고우스님은 어느 신문기자와의 대담에서 몇 달씩 아무것도 먹지 않고 꼼짝도 안하고 수행하는 인도요가처럼 눈을 감았을 때만 찾아오는 그런 평화는 진짜가 아니고 눈뜨고 생활하는 이 자리에서 고요하고 평화로워야 진짜 선이고, 형상을 붙들고 있는 나를 매순간순간 볼 수 있으니 그때마다 그 나를 비우면 본질을 보게 되고 그 본질은 모든 것이 평등하며 즉 부자도 가난한 이도, 신분의 높낮이도, 지혜의 많고 적음도, 모두가 평등함을 깨닫게 되어 남과 비교도 않고 인종도, 민족도, 종교도 비교를 않게 되어 갈등과 대립도 절로 풀린다는 것이다. 선과 악을 구별 않고 선과 악을 초월하여 하나로 본다니 이리되면 이 지구상의 전쟁 또한 방지할 수도 있지 않겠느냐는 것이다.

40년 동안 시어머님 따라 다니던 절이 오르기 힘든 산중턱에 자리 잡고 있고 이제는 어머님도 돌아가시고 또 큰스님도 작년에 돌아가시고 나이도 70이 되니 금년 처음 석가탄신일부터 못가는 질 때문에 서운해 하는 나의 아내에게 고우 스님의 글을 읽고 십에서 부처님의 가르침을 배우라 해야겠다.

생로병사生老病死와 불생불멸不生不滅

나는 원래 부처님에 대하여 그리 해박한 지식은 갖고 있지 못했다. 어렸을 때는 크리스마스 날이 오면 동네 조무래기 친구들과 동네 교회당에 몰려가 나누어주는 선물 받아 좋아했고 학창시절에는 공부하랴, 졸업하고 난 다음에는 취직해 먹고살랴, 자영사업할 때는 손익분기점 맞추랴, 이래저래 바쁘게 살다보니 어느새 환갑나이 되어버렸던 것이다. 그 환갑도 지난 5년 후 어머님이 별세하셨다. 하늘이 무너져 내리는 슬픔이었다. 내 나이 20대초 군에 입대하여 어머님 곁을 떠나보고는 어머님 돌아가신 86세 되시던 그해까지 단 한 번도 어머님 슬하를 떠나보지 못했던 내게서 어느 날 갑자기 어머님은 떠나버리신 것이다. 어머님 돌아가시고 나서부터 나는 비록 절에는 나가지 못하지만 집에서 어머님 살아생전 읽으시던 불경이나 서적들을 읽으며 또한 티브이불교방송도 경청하며 공부를 하게 된 것이다.

어머님 다니시던 절에서는 큰스님과 작은 스님 그리고 신도들이 오시어 어머님의 임종 전 기도도 해주시고 12년 전 먼저가신 아버님 묘소에 합장으로 모실 때도 동행을 해주셨고 49제 때도 오셔서 정성을 다해 어머님의 극락왕생을 빌어주셨다. 이 얼마나 고마운 일인가. 이때부터 나는 절에서 부처님께 절도 올리고 큰스님의 법문도 듣고 어머님 읽으시던 불경도 읽으며 또 불교티브이에서 큰스님들의 법문도 듣고 하기를 6년 하고 나니 이제야 부처님께서는 과연 이 인류의 위대하신 스승님이라는 걸 마음 속 깊이 깨닫게 된 것이다.

어머님 돌아가시고 난 몇 년 간은 나는 깊은 슬픔에 잠겨 헤어날 줄 몰랐으나 이제는 이따금 머리에 떠오르는 어머님의 얼굴은 아미타불 곁으로 가셨는지 관세음 보살님의 환한 미소를 띠시고 이 아들을 내려다보고 계신 것이다. 어머님은 살아생전 이미 부처님 공부를 많이 하시어 인생의 생로병사의 무상을 깨달으시어 부처님께 귀의하시어 도를 닦으시고 불생불멸의 진리를 터득하시고 더 나가서 청정한 본아本我 즉 부처님이 되신 것은 아닐까. 틀림없이 그리 되셨으리라 믿는다.

어머님은 돌아가시면서 이 아들에게 부처님 공부를 하게 해주셨지만 부처님 공부를 하다 보니 중국의 노장사상과 유교 공부도 저절로 하게 되어 늦게나마 인도 중국 우리나라 종교철학사상도 돌아보며 독서삼매에 빠져들게도 되었다. 그리고 왜 나는 이리 늦게야 이런 공부를 하게 되었나 후회도 해보지만 지나간 과거사 어쩔 수 없는 일이다.

며칠 전 어느 티브이에서 어느 박사가 한 말이 생각난다. 그는 말하기를 젊은이들은 젊음의 발랄한 패기와 도전의 아름다움이 있지만 늙은이들에게는 축적된 경험으로 인한 지혜의 아름다움이 있다고 했다. 그렇다면 나로서도 비록 늦게야 이렇게 이런 저런 공부에 열중해 보는 것도 그 어느 아름다운 지혜를 얻을 수 있다는 일말의 희망이 존재한다는 의미가 아닐까도 생각 된다

누구나 두려워하는 주검, 누구나 맞이해야 하는 주검, 그 주검을 인정하는 것이 곧 태어나지도 않고 죽는 것도 아니라는 부처님의 가르침이며 이를 깨닫기 위해서는 청정의 마음 세계를 열어가며 선업을 쌓아 나가야 한다는 부처님의 가르침 등, 이러한 부처님의 가르침을 공부해 갈수록 어머님에 대한 그리움의 슬픔은 이제는 점점 줄어가고 어머님의 모습은 관세음보살님 미소 띤 얼굴로 나타나 주시는 것이다.

8부

설렘의 아름다움

설렘의 아름다움

마음이 설렐 때가 있다. 마음이 설렐 때는 다른 잡념들은 마음에 끼어들 여유조차 없다. 오로지 설렘의 대상만이 잔잔한 물결로, 혹은 고요한 수면으로, 혹은 황홀한 무지개 색깔을 띄우고 온 마음을 가득 채우는 것이다.

나 어린 아이들은 명절날이 오면 예쁜 옷을 입고 세배를 하고 세뱃돈 받을 마음으로 전날 밤을 마음 설레며 밤잠까지 설친다. 삼촌이 만들어준 연을 내일이면 하늘높이 띄울 설렘으로 가슴에 품고 잠들기도 한다.

아이들은 좀 더 자라나 사춘기가 되면 평소 서로 어울려 지내던 소녀나 소년들이 갑자기 둘이 마주칠 때면 공연히 마음이 설레며 아지랑이 같은 그리움을 느낀다. 그리움이 무엇인지 그 정체도 모르면서, 이성이 무엇인지도 모르면서 그저 어렴풋이 꿈속을 거니는 듯 느낄 뿐인데도 마음이 설레게 된다.

성년이 되어 연인이 생겼을 때는 만나기로 약속한 날짜를 기다리다 막상 만날 날이 되어 만날 시각이 다가오면 마음이 설레기 시작한다. 연인에 대한 사랑의 강도가 높을수록 심장의 박동소리까지 들을 수 있다.

설레는 마음은 순수함에서 나온다. 어떤 이기적이고 계획적이고 범죄를 기도하는 치밀한 계산에서는 아름다운 설렘이 생길 수 없다. 순수한 마음이란 어떤 소박한 기대감과 희망을 가졌을 때의 상태를 뜻한다. 설렘은 이러한 순수한 마음에서만 그 아름다운 진가를 발휘하며 마음 속 깊이 잠재되어 잊으려야 잊을 수 없는 추억으로 되살아날 힘을 갖게 되는 것이다.

나이가 고희 되는 나에게도 설렘은 있다. 흔히들 생각하기에는 나이든 사람들은 그만큼 인생경험을 쌓았고 경륜도 지녔으니 감성이란 메말라 버렸고 뇌세포도 많이 줄었는데 그런 마음에 그 어느 설렘이 있겠는가 하겠지만 분명 나에게도 그 마음의 설렘은 존재하고 있는 것이다. 고목에도 잎이 돋고 꽃핀다는 사실과 크게 다를 바가 없다고 말할 수 있겠다. 그렇다면 어떠한 설렘이 나에게 있는 것인가.

그것은 나이 들게 되자 여태껏 발견하지 못했던 신비에 관한 설렘인 것이다. 새로이 하나하나 깨닫게 되는 지혜를 발견할 때 그 설렘은 젊었을 때의 설렘에 그리 못하지 않은 것이다. 모든 욕심 버릴 때의 지족의 삶이 얼마나 마음 편한가 하는 깨달음이라든가, 울창한 숲 속에 들어가 나무들과의 대화라던가, 자연의 위대한 섭리에 대한 경이로운 체험이라든가, 지금까지 못 느꼈던 위대한 성현들의 가르침을 되새겨 알게 되었을 때라던가, 등등에서 새로 발견하는 그 설렘들이 오히려 지난날보다 못하지 않은 것이다.

그러나 뭐니 뭐니 해도 요즈음 내 설렘의 진수는 내 귀여운 손자손녀들 온다는 전화를 받고 기다리는 동안의 마음 설렘이다. 순수한 설렘은 순수한 아가들을 닮아 더욱 순수하다. 나이 들면 뇌세포도 줄어들어 철부지로 되는지도 모르긴 하지만 말이다.

건망증

테라스 텃밭에서 고추를 따고 들어오니 아내가 〈아니 어디 있었어요. 희정이가 독일서 전화를 했는데 난 당신이 외출한 줄 알고 어데 나가셨다 했지요.〉하고 말해준다. 셋째아들네 식구가 독일에 가서 살고 있는지 벌써 4년째가 되어간다. 아들은 서너 달에 한 번씩은 한국 본사를 다녀가느라 들르곤 하지만 며느리와 손녀 손자는 지난 4년 동안에 단 한번 다녀갔을 뿐 가끔 전화로나마 통화를 하여 그나마 보고 싶은 마음을 달래고는 한다.

아들 넷 중 세 아들들은 내 집 근처에 들 살고 있어 자주만나지만 셋째아들은 외국 만리타국에서 살고 있으니 때로는 걱정이 많게 마련이다. 더욱이 아들이 다니고 있는 그 회사에서의 직무가 판매이기 때문에, 그것도 유럽전역을 걸친 관계로 일요일을 빼고는 매일같이 판매여행을 다녀야한다는 것이다. 오늘은 영국 내일은 불란서 또 핀란드며 스웨덴 등지를 다니며 식구들이 살고 있는 그곳 독일 집에서는 일주일에 두 번 이상 잠을 못 잔다는 것이다. 세계일등 회사라 그런다지만 부모 된 마음으로는 매우 걱정이 아니 될 수 없는 것이다.

더욱이 걱정되는 것은 이 아들의 건망증 때문이다. 건망증이 좀 심하여 웃지 못 할 스토리가 많은 것이다. 그래도 어떻게 일류대학을 졸업하고 외국에 가서도 일류대학원을 3년이나 수료하고 또 박사학위도 마다하고 귀국하여 일류직장에 들어가 또한 남들이 부러워하는 지사에서 근무하고 있는지 알다가도 모를 일이다. 건망증이 심한 것과 두뇌와는 별개인가 그렇지 않으면 아들이 보여준 건망증은 아들이 평상시에는 어느 큰일에만 정신을 집중하여 생기는 별 것 아닌 것인가 하는 별별 걱정까지 하게 되는 것이다. 그러다가도 또 아들이 대견스레 생각되며 지나간 건망증 이야기들이 오히려 어린시절 아들의 얼굴로 돌아가 귀여워지기도 하는 것이다.

아들의 건망증 에피소드 중 두 가지가 생각난다. 그 첫 번째는 구두에 관한 이야기이다. 어느 명절날 집에 모였던 아들네 식구들이 다들 돌아가고 둘째아들네 식구만 남았다가 막 가려고 하는데 둘째아들 구두 한 짝이 없어졌다는 것, 그래서 한참을 찾던 중 웬 구두 한 짝이 남아있는데 구두의 크기가 3분의 2밖엔 안 되어 워낙 키도 크고 발도 큰 둘째아들 발에는 맞지가 않아 결국 세 아들 집에 전화를 하고나서야 셋째아들 소행임을 알게 된 것이다. 지금도 그때 일을 생각하면 어떻게 그렇게 차이가 나는 짝짝이 신발을 신고 갈 수가 있었나 생각만 해도 어처구니없는 일이었다. 그래도 다행인 것은 그때만 해도 셋째아들네 집도 내 집 근처에 살고 있어 쉽게 해결은 보았지만 말이다.

그 두 번째 이야기는 정말 가관 중 가관이라 할 수 있는 아들의 건망증이라할 수 있겠는데 그것은 셋째아들이 직접 들려준 이야기로 모두들 아들에게서 듣고는 요절복통을 했으니 그 이야기인 즉은 아들이 목욕탕에 갔을 때 일어난 일이었다고 한다. 아들이 옷을 벗어 옷장에 넣고 목욕을 했단다. 사우나탕에 들어가 땀 도 흘리고 머리도 깎고 나와서 옷장 앞으로 왔단다. 그런데 옷장 앞에 웬 옷들이 널려있기에 〈웬 놈이 옷장 속에 옷을 넣지 남의 옷장 앞에 놓았담!〉하고 투덜거리며 열쇠로 자기옷장을 열고 보니 이게 웬일! 옷장 속이 텅 비어 있더라는 것. 그래 이거 참 이상하구나 생각하며 옷장 앞에 널려진 옷을 내려다보니 어쩐지 낯이 익은 거 같아 들추어보니 바로 자기 옷들이었다는 것이다.

건망증이라는 것, 어느 면으로 보면 사소한 것은 잊어버리고 중요한 것에만 골몰한다는 것이나 아닐까. 불교에서 말하는 스님들의 화두와 같은 효험을 가진 것은 아닐까. 한 가지 화두로 평생을 정진하는 스님들을 닮아 나의 셋째아들도 좀 더 큰 것을 보려고 작은 것들은 잊어버리는 것은 아닐까 하고 애비 된 입장에서 너그럽게 생각해본다.

아들의 전화를 못 받은 서운한 마음에 하필이면 아들의 건망증에 대하여 생각하며 혼자 웃음을 띠며 또다시 걸려올 아들의 전화를 기다리는 나의 마음은 편안하기만 하다. 식구들 다들 잘 있다는 소식은 아내로부터 들었기 때문이다.

무상관無常觀

환갑 나이 이전까지는 복잡다단한 회사 운영에 매달려 내 자신을 돌볼 시간조차 없었다. 환갑나이 되자 내 지나온 인생역정을 되돌아보고 또한 내 나이 많이 들었음을 실감하고 금전에의 욕심을 버리고 시문학詩文學에 몰입하였다. 나의 시의 여신女神은 9년간의 혹독한 마음의 시련과 나로 하여금 종교와 철학 그리고 우주와 자연의 섭리를 비록 수박겉핥기식이었지만 두루 배우도록 강요를 하여 그간 알도보도 못했던 오묘한 경지를 보여주었다. 그 경지는 나의 삶의 지혜도 배우게 하고 아름다운 예술의 세계를 체험하게 해주었다. 그러나 그간의 좌절과 고통은 지난 40년 간의 사업시절보다 못하지 않을 정도로 아픈 상처도 주었으나 그 아픈 상처는 이내 극복의 환희심歡喜心으로 어김없이 보상을 해주고는 하여 아! 이것이 결국 한번 빠지면 헤어나지 못하는 내가 전연 몰랐던 별천지였구나 하고 느끼게도 해주었다.

9년에 걸친 작업으로 나는 시집 〈인생의 주름에 접혀진 꽃잎들〉을 출간하게 되었다. 328편의 적지 않은 분량이라고 할 수 있겠다. 이 시집을 내고 이제는 문학을 그만두고 한 해 동안을 시집을 친지들에게 나누어 주는데 날짜를 보내며 어영부영 지냈는데 2007년 새해가 오자 나는 나이 70에 들어섬을 알게 되었으니 나는 결국 또 한 번의 수필문학에의 도전을 결심하게 되었고 2007년 1월 1일부터 하루에 1편씩 제목을 정하여 수필 1편씩을 쓰기 시작했다. 이제 금년도 남은 날짜가 80여 일 남았으니 80편만 아무리 힘들더라고 써 나간다면 나는 환갑 나이에 제2의 시문학과의 인생을 결심해 실천을 한 바와 같이 7순 나이에 또 제3의 수필문학과의 인생을 개척하여 실천에 옮기며 노익장을 과시하고 있는 중이라 말할 수도 있겠다.

내가 7순 나이에 시도한 수필문학에의 도전은 어느 스님의 티브이 법문에서 들은 무상관無常觀에 의해서였다. 무상이란 불교에서 생멸生滅변화에는 상주常住함이 없음을 뜻하는 것인데 모든 삼라만상은 찰나마다 변해가는 과정에 있다는 것이다. 지금 이순간도 나의 뇌세포는 죽어가고 있고 머리칼 한 오락이라도 하얗게 변해가고 따라서 내 목숨도 순간순간 주검을 향하여 초침처럼 다가가고 있다는 것이다.

무상의 가르침은 허무나 염세주의를 뜻하는 것이 아니라 시간의 소중함을 일깨워주는 경종이라는 것을 나는 배우게 된 것이다. 지금 이순간도 지나가버리는 1초의 순간도 아끼어 어느 목적에 집중력과 지구력을 쏟아 지혜 곧 청정을 깨달아야 한다는 가르침인 것을 알게 된 것이다. 그러니 이처럼 아까운 시간을 어찌 소홀히 보낼 수가 있겠는가. 이따금 이면 몰라도 어찌 그리 자주 친구들과 산으로 바다로 놀러만 다니고 노인정이나 드나들 수가 있겠는가.

나는 불교에서 화두話頭라는 것도 배웠다. 스님들이 선사로부터 받는 화두는 평생을 두고 용맹 정진하게 된다고 한다. 어느 스님은 〈무無〉자 화두를 받고 어느 스님은 〈이 뭐꼬〉라는 화두를 받아 평생도平生道를 이루는 근본으로 삼는다는 것이다. 그러니 큰 스님들의 심오한 깨달음은 나 같은 늦깎이 문학인으로서는 도저히 그 근처에 얼씬도 못하는 주제에 불과한 것을 알기는 하지만 서도 한 가지 그런대로 나로서 자부自負하는 것은 나또한 지난1년 동안 이 무상관無常觀을 하루도 잊지 않고 하루에 제목 한 가지를 정하여 놓고 행주좌와를 실천하여 집에 있을 때나, 농장을 가고 올 때 차속에서나, 농장에서 밭이나 과수원에서 일할 때나, 앉으나 서나, 심지어 꿈속에서까지 허우적거리며 그 정해진 제목에 대한 내용의 구상도를 완성시켜 지난해 만하더라도 하루도 빠짐없이 실천을 감행하여 365편의 수필을 완성했으니 나 또한 스님들처럼 참선에 몰입하지 않았나 하고 스스로 위안해 보기도 하는 것이다.

마음과 재주

평소 친하게 지내던 친구에게 내가 출간한 시집 한 권을 주었더니 1년 만에 다시 만난 동창모임 자리에서 〈제는 글 쓰는 재주가 있어서 소설을 한 편 쓰면 좋겠다.〉라고 여러 친구들에게 나를 손가락으로 가리키며 큰소리로 말하는 것이었다. 그 소리를 들으니 언짢은 생각이 치밀어 올랐다. 시집을 읽어보았으면 그 시들 중 어느 시가 마음에 들었다거나 말해주는 것이 친구로서의 도리 같은데 시집에 관한 언급은 없고 엉뚱하게 소설이라니! 그리고 무엇보다도 불쾌한 것은 그 〈재주〉라는 말이었다.

소설이나 시를 쓴다는 것을 기껏 재주라고 표현을 해야 하는가. 내가 알기로는 재주란 교묘한 솜씨나 기술을 뜻하거나, 묘한 기술을 생각해내거나, 또는 묘한 기예를 동작으로 나타내거나, 또는 속임수나 비정상적인 수단을 쓰는 등의 의미를 풍기는 단어인데 그렇다면 그 친구는 나의 시를 그런 수준으로 보았다는 것이 아닌가 하는 생각이 들어 불쾌해진 것이다. 그러나 오랜만에 만나 술잔들 나누는 고교동창들 떠들어대는 소리에 나의 좁은 마음은 금세 풀어지고 그나마 아무도 언급조차 않는 터에 그래도 저 친구는 평이라도 해준 것이 아니겠나 하고 생각을 달리했던 것이다.

비록 남들은 무어라 하더라도 내가 쓴 시들은 재주가 아니라 내 마음으로 쓴 시들이라고 말하고자 한다. 왜냐하면 어떤 시상이 머리에 떠올라 펜을 들고 쓰려고 하면 어느새 그 시상은 마음속으로 들어와 잠시 동안은 가슴이 뛰다가 이윽고 잠잠해지며 마음 또한 잔잔한 호수가 되고 시상詩想들은 그 마음의 호수에 차분히 가라앉아 마치 가라앉은 달처럼 은은한 빛을 비추어 원고지에 담겨주는 것이다. 시 한편을 쓰는 데는 산모가 출산하는 것처럼 몇 날 몇 밤을 뒤척이며 중병을 앓는 수가 있는데 어떻게 이러한 시작활동詩作活動을 재주라 할 수 있겠는가.

시작에 몰두할 때는 시작삼매경詩作三昧境에 들어간다. 주변도 다 없어지고 모든 생각도 정지되어 모든 근심걱정이라든가 욕구라던가 기쁨과 희열이라는 감정도 사라지고 순수한 시 그 자체의 얼굴만이 마음속에 가득 찬다. 이것이 바로 청정한 마음 그 자체인가 여겨진다. 이때 잠재의식의 주머니에서 과거 현재 미래의 영상이 연기처럼 피어올라 원고지에 내손을 통해 옮겨지고 있으며 내 자신은 그런 것조차 인식치 못하고 있는 무아지경에 빠져있는 것이다.

어느 정도 시간이 흘러 깨어났을 때 쓰인 시 한편을 보고 어떤 때는 〈아 예쁘다〉 할 때도 있지만 그것은 아주 드문 일이고 보통은 휴지통에 버려지고 다시 수정하기를 수십 번 이상 해야 그나마 제 딴의 완성품이랍시고 얼굴을 내미는 것이다.

불교에서의 8식 아래아식이라는 종자식은 그 사람의 평생 업장을 지닌 체 그 결과에 따라 해탈이 되거나 그렇지 못하면 윤회의 굴레로 들어가게 된다고 한다. 사람의 마음의 본성이란 바로 이 종자식 중에서 해탈의 경지에 이른 순간을 말하는 게 아닐까. 그때가 가장 천진무구天眞無垢한 청정한 마음의 상태가 아닐까 하고 생각되는 것이다. 그러니 마음의 시를 쓴다는 것은 바로 이러한 상태에서 쓴다는 것이니 시에 몰두한다는 그 순간만은 그곳이 바로 극락이 아닐까 하는 생각도 드는 것이다.

심기일전心機一轉

그 무엇이 나로 하여금 이 권태로움 속에서 벗어나게 해줄 수 있을 것인가. 지난 1월 1일부터 어제 10월 31일까지의 나의 노력은 가히 최선을 다한 나날이었다고 내 스스로도 인정을 하고 있다. 하루에 제목 하나를 택하여 그에 관한 수필을 하루도 거르지 않고 300여일을 써온 것이니 보통의 각오 없이는 이룰 수 없는 그야말로 나와의 처절한 사투였다고 할 수 있겠다. 그러나 소재의 고갈에다가 내 정신적인 권태로움으로 인하여 어떻게 남은 2달을 채울 수 있을까 생각만 해도 막막한 심정이다. 2달이면 60여 편의 제목을 선택해야 하고 그 제목에 따른 수필을 완성하여야만 년초의 나와의 약속을 지키게 되는 것이다.

몇 번이고 내 맘 한구석에서 나를 유혹한다. 〈아 그까짓 거 안 쓰고 편히 지내면 어때. 내년 초에 쓰든가 어차피 책을 내더라도

100편만 골라서 낼 수 있지 않겠는가. 남하고 약속한 것도 아니고 스스로에게 약속한 것 가지고 왜 그리 신경 쓰느냐〉. 그러나 그런 유혹을 받을 때마다 용케도 다시 한 번 심기일전하여 매진하고는 하여 그래도 오늘까지 300여 편을 성사시킨 것이다. 어찌 보면 대견하기도 한 것이 두꺼운 노트로 2권이 채워져 가는 것을 들어볼 때 그 묵직한 중량감인 것이다.

나는 이제 기진맥진 상태에 들어있다. 전체 넘어야 할 산 12고개 중에서 10고개를 넘고 나서 기력을 상실했다. 이제 남은 2고개를 넘어서기에는 용기가 서지를 않는다. 이럴 때 그 무엇이 나로 하여금 심기일전할 수 있는 계기를 불어넣어 줄 수 있을 것인가. 과거추억과 경륜과 관조의 지혜를 모조리 불러냈는데 이제 어느 잠재의식에서 타오를 수 있는 불씨를 건질 수 있단 말인가. 어떤 때는 마음을 비우니 제목들이 굴러오고 또 어떤 때는 달리는 차속에서 또 심지어는 꿈속에서까지 제목을 끄집어냈는데 이제는 어디에서 불러온단 말인가. 비록 그간 써온 글들의 내용이 빈약한 것은 불 보듯 뻔하지만 그 문제는 내년 1년간을 수정 보충할 계획이니 내년에야 생각해 볼 일이고 지금당장 해결해야 할 문제는 어떻게 나머지 날짜 약속을 이행하느냐가 문제인 것이다. 그간 써넣은 책상 위 두 권의 두툼한 노트는 지금도 나를 쳐다보며 마저 써 채워달라는 듯 측은한 표정으로 바라보고 있으니 포기할 수도 없고 어찌하면 좋은가. 손전등은 전지약을 재충전하면 불을 밝히는데 나의 버리도 재충전하는 방법은 없는 것인가.

이때 불현듯 어느 큰스님 법문 한 구절 〈마음을 한번 바꾸면 세상도 바꿀 수 있다〉라는 말씀이 생각났다. 그래서 나도 생각을 바꾸기로 결심을 하고 나의 하루하루의 소재를 내 하루하루의 생활에서 찾기로 했다. 이제는 어렵게 생각하지 않고 쉽게 생각을 하기로 했다. 그저 하루하루 삶을 보내면서 그중 한 가지를 노트에 적어보기로 했다. 하루 24시간 중 그중 잠자는 시간 빼더라고 그 많은 시간에 어찌 한 가지 화두話頭를 건질 수 없겠는가.

지금이 고비라 생각지 말고 지금이 새로운 출발점이라고 생각하기로 했다. 생각과 마음을 한번 바꾸면 그 마음이 우주를 몇 바퀴라도 돌 수 있는데 그 공간에서 어찌 점하나 구할 수 없겠나 하고 맘 편히 생각하기로 했다. 조금 전까지 내가 스스로 고비라고 한탄한 것은 어쩌면 스스로의 게으름의 발현이나 혹은 어리석은 꾀를 부린 게 아니었나 하는 자책도 든다.

기다림

기다림은 가슴 설렘을 주고 희망 속에서 진행된다. 이 우주의 모든 삼라만상 또한 기다림 속에서 시간을 보내며 진행되고 있다. 사람들은 기다림 속에서 희로애락은 생성되고 소멸되며 가고오고를 반복한다. 아가들은 태어나서부터 어머님의 손길을 기다리며 교실에서의 학생들은 선생님을 기다리고 젊은 연인들은 약속 장소에서 기다린다. 청장년들은 사업의 번창을 기다리며 부지런히 일하고 노년에 이르러서는 귀여운 손자 손녀들을 기다리며 창밖을 기웃거린다.

어디 사람뿐이랴, 저 산을 바라보라. 어느새 단풍이 들어 나무들은 어서 낙엽들 다 져서 떨어지면 앙상한 가지로 선정禪定에 들어 또 내년 봄 여름 가을 겨울 4계절의 꿈을 꾸며 기다릴 준비를 하고 있는 것이 아니겠는가. 그리고 또 가을걷이 다 마친 저 들판의 논밭을 보라. 1년 내 힘껏 곡식 기르고 거두어 땅주인에게 넘겨주고도 아무런 불평의 구석이라고는 한 곳도 보여주지 않고 내년 봄이면 또 찾아와 흙을 갈아주고 씨를 뿌려줄 주인들을 기다리고 있는 것이 아니겠는가. 그리고 또 저 산중턱에 천년을 꿈쩍도 않고 있는 바위를 보라. 저 바위 또한 무엇인가를 기다리고 있음이 분명하지만 워낙 굳은 심지라 내색을 않으니 사람들 마음으로는 읽을 수가 없을 뿐인 것이다.

어디 산과들, 그리고 바위뿐이랴. 저 하늘의 달과 해와 별들을 보라. 하늘의 달과 해와 별들은 자기들을 기다려주는 지구 반대편의 온갖 인류와 동식물들, 그리고 산과 바다를 찾아가서 잠에서 깨어난 그들에게 비추어주어 그들에게도 눈부신 햇살을 주고 달빛별빛을 골고루 나누어주는 것이다. 빗줄기 또한 농부들이 기다릴 때면 골고루 나누어 뿌려주고 바람 또한 목련 같은 구름을 하늘에 이고서 골고루 불어주어 씨앗들이 날게끔 도와주며 산에서 우는 산새들 목소리도 기다리는 마을사람들 귀에까지 들리게 도와주는 것이다. 이처럼 우주속의 모든 만물들은 서로가 서로를 기다리며 서로가 서로를 만나주며 서로가 서로에게 기쁨과 설렘을 나누어주며 오늘의 이 순간을 지내고 있는 것이다.

기다림의 여백은 아름답다. 짧은 기다림도 있고 적당한 여백의 기다림도 있으려니와 너무나 길고 지루한 기다림도 있다. 내가 찬미하고자 하는 기다림은 짧지도 않고 길지도 않는 기다림이다. 설레는 감정이 진정 될 때의 만남은 새로운 만남의 희망을 주지만 설레다 지쳐서 피곤할 때의 만남은 환희감을 주지 못한다. 반면 너무 짧은 기다림은 기다리는 동안의 공상의 여백도 마련하지 못

할 뿐더러 추억이라는 잠재의 씨앗을 마련하지 못한다. 그러니 가장 바람직한 기다림이란 기다림의 여백의 즐거움과 만난 후의 기쁨도 즐길 수 있는 그런 기다림이어야 좋은 것이다.

21세기 정보화시대의 급격한 발전은 기다림의 아름다운 설렘과 희망조차 앗아가고 있다. 기다림의 여백은 어쩌면 삶의 여유라고도 할 수 있다. 사람들이 좀 여유롭게 생각도 하고 명상도冥想하며 관조觀照도 해야 삶의 여백을 향유할 수 있는데 초를 다투는 긴장 속 시대는 인정조차 메마르게 한다. 너무 조급하지 않고 때를 기다리는 대인의 풍모가 그리워지는 세상이 되어간다.

웃음과 행복

어느 스님의 웃음에 관한 법문이 흥미로웠다. 웃는 얼굴에 복이 온다는 것이다. 웃음은 이 복잡한 삶에서 오는 스트레스를 날려주어 건강도 지켜준다는 것이다. 웃음은 내 자신의 마음속 모든 잡념과 시름을 떨쳐버리게 해 주는가 하면 나를 대하는 상대방의 마음도 즐겁게 해주어 이웃과 사회 더 나가서는 나라의 운세까지도 행복하게 해주는 힘을 가지고 있다 한다. 그래서 아래 열거한 내용처럼 일주일 내내 웃고, 이어서 한 달, 그리고 일 년을 웃음 속에 살라한다.

월요일에는 월요병에 걸려도 웃고
화요일에는 화가 나도 웃고
수요일에는 수심에 차도 웃고
목요일에는 목을 축여가며 웃고

금요일에는 금덩이를 준다 해도 가지 말고 웃고
토요일에는 심사가 토라져도 웃고
일요일에는 일 하지 말고 웃고

도대체 그 큰스님은 그 누구로부터 들은 말인지 혹은 직접 만든 구절인지는 몰라도 장난기어린 스님의 속마음이 들여다보이는 것 같아 나로 하여금 웃음을 참지 못하게 한다.

물론 위의 큰스님 말씀은 웃음이 인생의 행복을 가져다준다는 진리를 강조하기 위한 말씀이라 여겨지지만 맘 내키는 대로 우수개소리로 하시는 그 말씀들이 더 재미있게 가슴에 와 닿는다. 그것은 어쩌면 그 큰스님은 이미 그 마음이 큰 자유를 얻어 거침이 없이 넓다는 것을 보여주시는 건지도 모르겠다. 큰스님이 강조하는 웃음은 마음의 웃음을 뜻 하는 것이 틀림없다. 슬픔이 몰아치면 얼른 마음을 기쁜 면으로 바꾸라는 것이다. 희로애락은 마음을 바꾸어 다른 한군데로 돌려 그 무거움을 반감하고 또 반감할 수 있다는 것이다. 그 무거운 마음을 그대로 유지하면 병에 걸린다는 것이다. 미운사람의 일이 계속 생각나 마음이 어지러워지면 바로 마음을 바꾸어 그 사람의 장점을 떠올리며 측은하게 생각하고 용서의 마음으로 돌아서면 마음의 웃음을 되찾을 수 있다는 것이다.

스님이 웃으라고 하시는 말씀은 겉으로 소리 내어 웃으라고 하시는 말씀만은 아니라고 생각한다. 마음으로 웃는 웃음이 저절로 얼굴과 목소리로 흘러나와야 하고 설사 밖으로 흘러나오지 않고 마음에 머물러 있어도 이미 온 몸은 행복감에 젖어있나는 말씀이라고 나는 생각한다.

그러나 어느 배우가 거울을 들여다보고 웃는 연습을 한다면 몰라도 멀쩡한 사람이 혼자서 거리를 거닐며 실실거리고 웃거나 소리 내어 웃는다면 당장 정신병원으로 끌려가기 십상일 테고 더욱이 나처럼 나이든 사람이 웃으며 거리를 거닐다가는 치매 환자로 낙인 받을 걱정 또한 없지 않은 점도 있다.

나는 웃음 중에 하나인 미소를 좋아한다. 미소란 소리를 내지 않고 빙긋이 웃는 웃음을 뜻한다. 학창시절에는 레오날드다빈치가 그린 모나리자의 미소를 신비의 미소라고들 떠들며 주변의 어느 소녀가 그런 미소를 띠우고 있는가 하고 친구들과 이야기를 나눈 기억이 난다. 그 다음 많이 들어본 미소로는 백제의 미소였으니 그것은 백제시대 어느 절터에서 발굴된 기왓장에 나타난 투박하고 소박한 미소였다. 이 백제시대의 미소를 책에서 보면서 그러면 신라와 고구려 사람들의 미소는 어떻게 생겼을까 궁금하기도 했지만 그 세 나라가 같은 한조상의 민족이니 같을 거라는 결론을 내렸던 것이다.

미소는 안면에 잔잔한 파문을 일으키다가 양쪽 입 꼬리가 약간 위로 올라가며 상대방에게 호의를 보이는 다정한 눈빛이라 말할 수 있겠다. 미소를 띠워 보내는 마음속에는 따스함과 포근함 그리고 자비심이 잔잔한 파동을 일으키고 있는 것이다.

절에 가거나 국립박물관에 가보면 우리나라 삼국시대 유물로 보전되어 내려오는 석가상이나 보살상들은 대개가 온화한 미소를 띠우고 있다. 이 미소들이 바로 우리나라 고유의 미소가 아닌가 싶다. 이 미소야 말로 무수한 외적으로부터의 침략과 수탈에도 견뎌온 애환을 초월한 미소가 아닌가도 싶다. 우리 국민들 모두가 이처럼 고귀한 미소를 조상님들로부터 이어받아온 것이라 말할 수 있겠다.

미소는 역시 젖을 물린 아가가 잠시 쉬면서 엄마를 쳐다볼 때 내려다보며 귀엽고 행복해 빙그레 웃음 짓는 어머니의 미소가 지고지순의 미소라 할 수 있으며 사춘기 때 소년소녀가 서로의 어렴풋한 풋정을 느낄 때 나누는 미소와 연인사이의 두 청춘남녀가 약속된 날까지 기다리며 머리에 떠올리는 서로간의 미소가 가장 순수하고 잔잔한 미소 중의 하나라 할 수 있겠다. 웃으면 복이 온다고 억지로 웃지 말고 지족을 배워 최선을 다한 자신에게 만족하며 자신과 이웃에게 따뜻한 배려의 미소를 보내는 게 더 큰 복이라 생각한다.

아집我執과 무아無我

아집을 모두 버리면 무아의 경지가 되어 그 경지가 바로 해탈이라 한다. 아집은 자기중심의 생각이나 소견 또는 그것에 사로잡힌 고집을 뜻하며 불교에서는 개체적인 자아를 실체인 것으로 믿고 집착하는 일을 말하며 무아란 자기를 잊고 사사로운 마음이 없음을 뜻하여 불교에서는 일체는 무상한 것임으로 〈나라는 존재는 없음〉을 이르는 말이라고 한다. 그러면 해탈이란 무엇인가. 해탈이란 굴레에서 벗어남을 뜻하며 불교에서 속세의 번뇌와 속박을 벗어나 편안한 경지에 이르는 것을 뜻하며 이를 열반이라고도 한다. 또한 들은 바로는 무상을 알면 무아를 알게 된다고 한다. 무상이란 이 우주 삼라만상은 찰나라도 변하지 않는 것이 없다는 것이다. 눈으로나 감각으로는 보고 느낄 수는 없지만 모든 것이 변하고 있으니 실상은 없고 공空이라는 것이다.

기독교에서는 유일신인 하나님이 모든 것을 창조하고 주관을 하고 있는 것을 교리의 근본으로 삼고 있으나 불교에서는 끊임없이 윤회하는 연기사상으로 그 근본을 삼고 있는 것이다. 이 공사상空思想은 중국의 노자사상의 무와도 같은 맥락으로 알려져 오고 있는 것은 인도에서 들어온 불교가 중국의 노장사상과 융화되어 서로 포용되었다고 볼 수 있는 것이다.

환갑 나이 들고 부터 문학의 길로 접어들어 독학을 하면서 불교철학과 노장철학에 매료되어 티브이나 책을 통하여 가깝게 지내게 되었다. 특히나 이따금 티브이로 시청하는 큰스님들의 법문이라든가 책을 통한 지난날의 대선사들의 어록이나 선시는 그 심오함이 나 같은 사람으로서는 근접하기조차 어려운 경지에 이름을 알 수 있었다. 어찌 평생을 용맹 정진한 큰 스님들의 경지를 넘볼 수 있겠는가. 그저 먼발치에서 내려주신 말씀들을 보고 들어 조금이라도 배워 몸에 익히기를 바랄 뿐인 것이다.

이러한 연유로 인하여 그래도 오늘 무상이니 무아이니 공이니 하는 단어내용을 어렴풋이나마 배우고 있는 것이다. 불교신자는 아니지만 어느 정도 불교철학을 접하고 보니 〈아 부처님이야말로 이 인류의 위대하신 스승님이시구나〉하고 절로 머리를 숙이게 되는 것이다. 내 문학의 길을 걸어가는데 부처님의 이러한 가르침을 배워 써 나간다면 그 또한 올바른 길이 될 수 있지 않겠느냐 하는 마음의 평정을 얻게 되는 것이다.

무상을 알면 무아를 알게 되고 아집을 버리면 무아의 경지를 이루며 이 경지가 바로 해탈이나 열반의 경지라는 것이다.

그런데 오늘 사전을 찾아보니 두 가지 뜻이 있음을 알게 되었다. 그 하나는 내가 알고 있었던 입적 즉 죽음을 뜻하며 다른 하나는 일체의 번뇌에서 해탈한 불생불멸의 경지에 일음을 뜻하는 것이었다. 그 뜻을 알고 나서야 며칠 전 어느 큰스님의 말씀이 이해가 가는 것이다. 그 큰스님이 말씀하시기를 〈참선에 정진하여 무아의 경지에 이르렀다고 하더라도 다시 눈을 뜨고 정신이 나면 또 번뇌가 되살아난다. 참선의 수행은 삶의 현장에서, 누웠거나 걸을 때나 앉았거나 집에 머물러 있거나 간에 쉬지 않고 열심히 정진하면, 그렇게 마음을 닦아나가면, 하루에 한두 번 혹은 한 달에 몇 번이고 무아의 경지에 이를 수 있으니 그곳이 바로 천국인데 어찌 정진 아니 함에 비할 수 있겠는가〉라고 하셨다. 그래서 나또한 스님의 이 행주좌와 가르침을 내 문학의 길잡이로 하여 하루에 제목 하나를 선정하여 온종일 구상하여 작품 한 편씩을 완성하기로 결심을 하고 실행에 옮겼던 것이다.

이심전심以心傳心

아내가 오랜만에 만두를 빚을 준비를 하면서 나에게 〈당신 만두소는 맵게 해야지요〉하고 물어보기에 언뜻 아내는 매운 걸 좋아하지 않는다는 생각이 나서 〈당신은 매운 거 못 먹으니 보통으로 해. 난 고춧가루간장에 찍어먹으면 되니까.〉라고 대답을 해주고 서재로 들어와 조간신문이나 읽으려하는데 갑자기 어머님 살아계실 때 만들어주시던 만두 생각이 났다. 어머님은 만두를 만드실 때면 꼭 두 가지로 만드셨는데 매운 만두는 길쭉한 모양으로 안 매운 만두는 동그란 모양으로 만들어 식구들 식성대로 골라먹게 하셨던 것이다.

생각난 김에 보려던 조간신문을 내려놓고 마루로 나와 아내에게 그런 의견을 말해주었다. 내 말을 들은 아내는 아무런 대답도 없이 빙그레 미소만 짓는 것이었다. 그래서 멋쩍어진 내가 다시 서재로 들어서는데 등 뒤에서 아내가 몇 마디 던져주는 것이었다. 〈나도 그렇게 생각하고 그렇게 만들고 있어요.〉라고 말이다.

이러한 마음통함을 이심전심以心傳心이라고 하는가보다. 말을 전하지 않았는데도 어찌 내 마음을 알고 그렇게 이행을 하고 있었는지 신기롭기도 하다. 아마도 내가 아내의 매운 만두 걱정하는 마음이 아내의 마음속으로 날아가 아내마음을 똑같이 움직여 주었나보다.

이심전심이라는 현상은 아무래도 부부지간에서 가장 흔하게 나타나는 아름다운 현상이라 할 수 있겠다. 더욱이 나로서는 아내와 결혼 한지 벌써 반백년도 훌쩍 넘게 그 긴 세월 함께 살아오다 보니 어떤 때는 내 마음이 아내마음인지 아내마음이 내 마음인지 모를 때가 있다.

지난 어느 날 아침에는 모처럼 얼큰한 북어 국이나 먹었으면 하고 식탁으로 나가면서 〈집에 사다놓은 북어도 없는데 무슨 북어 국인가〉하며 혼자 중얼거리며 나와 보니 이게 웬 일! 식탁 위에는 북어 국이 올려져있었던 일이 생각나고 또 그 어느 날에는 시골 농장에 가서 힘들게 일하고 무거운 고구마를 욕심 부려 한 배낭 가득 짊어지고 집으로 돌아오는 전철 안에서 〈이럴 때 아내가 전철역까지 손수레라도 끌고 왔으면 집까지 편히 갈 텐데〉 하고 생각하고 있는 바로그때 손전화가 울려 받아보니 손수레 끌고 지금 전철역으로 나오고 있다는 아내의 전화였던 것이니 이 또한 그 얼마나 기막힌 이심전심이었던가.

또 한 번은 웃지 못 할 이심전심이 벌어졌는데 어느 무더운 여름날 농장에 내려가 일복으로 갈아입고 밭고랑 잡초들을 베고 뽑고 나서 서울 집으로 돌아가려 농장을 떠나 근처 전철역 대기실에 도착 전철을 기다리며 커피한잔하려 배낭을 열려다 내 발을 내려다보니 바지는 짧은 바지로 갈아입었는네 등산화 대신 바꿔 신지 않은 긴 장화를 신고 있는 걸 보고 놀란 것이었다. 창피한 생각과 전철 승객들에게 미안한 생각이 났으나 그렇다고 다시농장으로 되돌아갈 수도 없고 하여 그냥 집으로 가기로 하고 다만 아내에게 전화로 알려주었다. 마침 아내는 무릎관절염으로 바깥 출입은 엄두도 못 할 정도였지만 그래도 속으로는 누구에게라도 부탁을 해서 집에 있는 나의 신발을 보내주면 전철역에서 걸어서 10분밖에는 안 걸리는 집이긴 해도 걸어서 가는 동안의 창피함을 면할 수 있을 텐데 하고 생각하고 있는데 바로 그때 손전화가 와서 받아보니 막내아들 전화로 엄마 말 듣고 전철역 출구에서 나를 집까지 차로 모셔가려 기다리고 있다는 것이었으니 이 또한 얼마나 기막힌 이심전심의 기묘한 위력인가 하고 놀라고 기뻤던 것이다.

석가모니께서는 제자 가섭에게 3곳에서 불교의 비의秘義를 이심전심으로 전했다는데 불교 선종禪宗에서는 이 세 번의 이심전심을 들어 불립문자라不立文字하여 법은 마음에서 마음으로 전하는 것임으로 언어나 문자로 전하지 않는다고 한다. 그래서 직지인심直指人心, 견성성불見性成佛이라고 한다. 그 세 곳이라 함은 비사리성 교외에 있는 다가탑 앞에서 누더기 옷을 입은 가섭에게, 영취산에서 석가모니께서 하늘에서 내린 꽃 한 송이를 들어보이자 가섭만 빙그레 웃었을 때와 쿠시나라가 사라수 옆에서 열반했을 때 두 발을 관 밖으로 내보였을 때를 의미한다고 한다. 이심전심의 뜻을 책자에서 찾아보고 이처럼 큰 뜻이 있음을 보고 놀랐다.

그러고 보니 이 이심전심이란 근접하기조차 존경스러운 단어가 아닌가싶다. 부처님이나 제일조第一祖로 추앙받는 가섭존자야말로 그 마음의 청정함이란 우리 보통 인간들로서는 경험할 수 없는 지고지순의 경지가 아니겠는가.

그런데 나는 오늘 내 아내와 비록 사소한 만두 만들기에 관한 마음의 교감이었기는 했지만 그래도 이 아침 또 한 번의 소중한 그 이심전심의 행복을 경험한 것이다. 자식들을 키우며 사랑하는 어머님의 마음이나 서로를 사랑하는 부부지간처럼 아무런 이기심이 없이 다만 상대방을 배려하는 따뜻한 마음이 있을 때만이 이러한 이심전심이 이루어지는 게 아닌가하고 다시금 생각하게 된다. 부처님의 가르침인 상대방에 대한 따뜻한 배려정신인 이 이심전심의 행복과 기쁨이 모성애나 부부지간 뿐 아니라 가족과 이웃과 온 나라에까지 깃들여졌으면 좋겠다는 생각도 해본다.

아주 작은 것들의 소중함

나는 나의 시나 수필작품에 작은 것의 소중함을 노래하고 싶다. 아무도 거들떠보지 않고 무관심으로 스쳐지나가는 그런 작은 것들을 찾아 그들의 숨겨진 소박한 아름다운 자태를 그려보고 싶다. 우주의 섭리가 그 자그마한 것들을 이 세상에 내놓은 이상 그들에게도 이 세상 한 시절 살아갈 권리가 있다는 사실을 진리라는 이름으로 규명하여 그들로 하여금 더 신비로운 내면까지 펼쳐보이게 하고 싶다. 아무리 작은 존재라 해도 이 우주의 구성원이 된다는 자긍심을, 그들 또한 한 개의 우주를 품고 있다는 사실을 알려주고 싶다. 그리하여 궁극적으로는 아무리 크다 하더라도 작은 것을 멸시하거나 우습게 생각하는 것이 얼마나 더 작은 것보다 못할 수도 있다는 진실을 보여주고 싶다.

나이 많이 들어서야 나 자신과 나를 둘러싼 주변을 살펴보게 되었다. 유년시절에는 첩첩산골 고향에서 어머니와 누나만 따라 다니느라 아무것도 모르고 지냈고 학창시절에는 친구들과 뛰놀며 학업에 열중하느라 세월을 보냈고 청장년시절엔 사업 운영하느라 눈코 뜰 새 없이 이리 뛰고 저리 뛰며 세월을 다 보내며 자식들 모두 출가시키고 나서 환갑 나이되어 시작한 제2의 인생길을 문학의 길로 접어들고 부터서야 나의 생활주변과 나의 지내온 과거와 현재와 미래를 차근히 살펴보는 관조觀照라는 습관이 생겨난 것이다. 젊은 시절의 꿈은 컸으나 막상 노년기에 주어진 결과는 너무나 왜소한 것을 알고 그에 대한 좌절과 실망은 견디기 어려웠으나 그것이 바로 인생이라는 사실도 터득한 것이다.

그리하여 이제 나이 들어서야 내 자신과 내 인생의 하루하루가 소중함도 깨닫게 되었고 끔찍이 사랑하게도 되었다. 산기슭의 자그마한 꽃들과 그 꽃들이 풍겨주는 향기를 대하며 절감한 것은 내가 지금 스쳐 보내고 있는 현재의 모든 삶의 단면이 아무리 남들에게는 작아서 보이지 않지만 내 자신에게는 매우 소중하다는 진리를 깨닫게 된 것이다.

오늘도 아내와 함께 새벽 전철타고 농장에 내려와 들깨를 털다가 갑자기 오늘 새벽 일기예보에 내일 서리가 내린다는 생각이 난다. 서리 맞으면 풀이 죽어버리는 산자락 밑 놀리는 밭의 황국들이 걱정되어 하던 일 멈추고 황국 꽃밭으로 올라간다. 매년 나는 서리오기 전에 이 황국 꽃을 따서 황국 주를 담그고 있는 것이다. 그리고 오늘의 내 시나 수필의 소재를 황국으로 해야하겠다는 마음의 결정까지 하고나니 밭으로 올라가는 나의 마음은 가볍기만 하다.

이 밭에는 5년 전까지만 하더라도 콩을 심었는데 멧돼지들과 고라니들이 다 망쳐놓아 더 이상 심지를 못하고 놀리고 있었더니 잡초들과 잡목들로 뒤덮여버렸는데 3년 전 올라와보니 잡초들 사이사이에 이 황국들이 군데군데 무리지어 노란 꽃을 피우고 있어 집으로 돌아와 사전을 들추어 보았더니 그 옛날 중국의 진시황이 즐겼다는 황국 차 꽃임을 확인하고 그때부터 이 황국은 해마다 저들 땅세로 한 가족마다 조금씩 갚아주는 셈이 된 것이다

밭에 올라오니 900평이나 되는 넓은 밭에 예저기 노란 황국 꽃들이 땅 주인 온다고 예저기 저들 가족들마다 자기들 먼저 따가라고 향기들을 풍기며 야단들이다. 가지고 올라온 바구니에 군데군데 황국 꽃 더미를 돌아가며 조금씩 황국 꽃을 따 담는다.

얼마나 자그마한 꽃인가. 아무도 돌보지 않는 이 산자락 밑 밭에서 이곳저곳에 무리지어 저들가족끼리 그리고 이웃가족과도 화기애애하다. 색깔은 한 가지 노란 꽃 가족들, 이 작은 꽃 사이로는 벌 나비들이 꿀 따기에 한창이다. 호랑나비도 황국향기에 취했는지 그 조그만 꽃 위에서 뒤뚱거린다. 황국 꽃이여! 아가들 손톱만한 황국 꽃이여! 그 작은 꽃에서 어찌도 이리 상큼한 향기를 진하게 내 뿜는가. 그 신비로운 힘은 어디에서 비롯되었는가. 이 드넓은 산자락 밑에서, 저 푸르른 하늘 가운데 유유히 떠 있는 가을의 흰 구름에서인가 아니면 저 아래로 눈부시게 내려다 보이는 남한강에서 불어오는 강물적신 바람에서인가 또 그도 아니면 뒷산에서 시도 때도 없이 지저귀는 산새들 소리에서인가.

나의 제3시집에 게재한 시 한 편이 생각난다.

황국주黃菊酒

설악산에는 첫 눈이 내렸고
산간지역에는 서리도 내렸다는
오늘새벽 일기예보 생각나

하던 일 멈추고 서둘러
산자락 밑 밭으로 올라와 보니
다행히도 이곳에는 무서리만 내려

아직은 이곳저곳
노란 황국 꽃 더미들 더미마다
자기 가족 꽃 먼저 따 가라지만

이 꽃 더미에서 한 움큼
저 꽃 더미에서 한 움큼 따서
바구니 채우는 것은

된서리 맞으면 끝날 꽃가족이지만
차마 어찌 나의 황국주 욕심으로
저 예쁜 꽃가족 큰 상처 입혀주랴

계간문예수필선 119

문종환 제2수필집

테라스의 화단과 텃밭

인쇄 2021년 9월 10일
발행 2021년 9월 15일

지은이 | 문종환
회 장 | 서정환
발행인 | 정종명
편집주간 | 차윤옥
펴낸곳 | 계간문예
편집부 03132 서울 종로구 삼일대로 30길 21 종로오피스텔 1209호
주 소 03132 서울 종로구 삼일대로 32길 36 운현신화타워 305호
전 화 02) 3675-5633, 070-8806-4052
팩 스 02) 766-4052
이메일 munin5633@naver.com
등 록 2005년 3월 9일 제300-2005-34호
인쇄 · 제본 신아출판사

ISBN 978-89-6554-244-5 04810
ISBN 979-89-6554-133-2(세트)

값 30,000원

이 도서의 국립중앙도서관 출판예정도서목록(CIP)은 서지정보유통지원시스템 홈페이지(http://seoji.nl.go.kr)와 국가자료공동목록시스템(http://www.nl.go.kr/kolisnet)에서 이용하실 수 있습니다.

Printed in KOREA